WILDE
ISAR

WILDE ISAR

Naturschätze zwischen Hochgebirge,
Stadt und Auenlandschaft

KNESEBECK

INHALT

Wildflüsse gehören zu unseren interessantesten und wunderbarsten Lebensräumen überhaupt. Ganz oben auf der Liste dieser Naturwunder steht unbestritten die Isar. Von ihrer Quelle am Fuß des Karwendelgebirges bis zu ihrer Mündung in die Donau bei Deggendorf hat die Isar, zumindest in Teilen, noch immer den Charakter eines Wildflusses. Zugegeben, der Fluss hat über die Jahrhunderte viel von seiner ursprünglichen Wildheit verloren. Was uns heute zu Recht begeistert, ist in Wahrheit nur ein Rest der ursprünglichen Pracht. Viele Abschnitte sind grundlegend durch den Menschen verändert worden. Alte Karten von Isar, Lech oder Ammer zeigen uns, welch immense Ausmaße diese Flüsse vor ihrer Begradigung und Regulierung ehemals hatten. Mit der Flussdynamik sind auch viele Tiere und Pflanzen, die früher entlang unserer Wildflüsse lebten, verschwunden.

Dennoch, die Isar ist auch heute noch ein Naturereignis erster Klasse, eine bedeutende Ader der Artenvielfalt. Die große Herausforderung für Naturfotografen ist es, dieses Naturwunder angemessen festzuhalten. Der vorliegende Bildband gibt einen nicht nur naturkundlich-dokumentarischen, sondern auch einen sehr emotionalen Einblick in die Welt entlang der Isar. Dabei wird einem immer wieder bewusst, wie zerbrechlich dieses Naturwunder ist. Gestalt angenommen hat diese Zerbrechlichkeit für mich in Form eines Flussuferläufer-Geleges. Ein Grillfest auf einer Kiesinsel, nur einmal zur falschen Zeit den eigenen Hund über die Kiesbänke laufen lassen oder auch nur ein einziger falscher Schritt – und der Bruterfolg eines ganzen Jahres oder das letzte Gelege in diesem Abschnitt der Isar überhaupt, kann vernichtet sein. »Wilde Isar« macht Lust, diesen Fluss unmittelbar zu erleben. Bitte vergessen Sie dabei nicht, dass auch Flussuferläufer dort leben möchten.

Ich hoffe, dass auch Ihnen die »Wilde Isar« im Buch und in der Natur gefällt und dies uns alle noch mehr dazu motiviert, für den Schutz dieses Flusses einzutreten. Ich wünsche mir, dass dieser Bildband keine Dokumentation einer verschwindenden Welt ist, sondern ein Beitrag zu mehr Natur und Wildheit an der Isar!

Dr. Norbert Schäffer
Vorsitzender Landesbund für Vogelschutz (LBV)

Die Isar – von der Natur geschaffen, von Menschenhand geformt. Sie ist der bayerische Charakterfluss schlechthin. Auf ihrem Weg vom Hochgebirge zur Mündung durchfließt sie Städte, treibt Kraftwerke an, kühlt Industrieanlagen, ist Naherholungsgebiet für viele Menschen. Schiffbar und nutzbar gemacht, ist sie seit Jahrhunderten ein bedeutender Wirtschaftsfaktor.

Und – neben all diesen Aspekten – die Isar ist vor allem eines: ein bedeutender Lebensraum für Tiere und Pflanzen.

Nur was der Mensch kennt, schützt er auch. In einer Gesellschaft, in der wir Natur immer mehr in kontrollierten Situationen wie Museen oder Zoos erleben, aber immer weniger in unserem Alltag, wollen wir als Regionalgruppe 15 »München – Südbayern« der GDT Gesellschaft für Naturfotografie e.V. zeigen, dass genau diese Erlebnisse oft schon unweit der eigenen Haustür möglich sind. Die Isar ist für uns der ideale Ort dafür, nicht nur weil sie wie eine Lebensader das Einzugsgebiet unserer Regionalgruppe durchzieht, sondern auch weil ihre Vielseitigkeit – von imposanten Gebirgslandschaften über unscheinbare Pflanzen am Wegesrand bis hin zum verwunschenen Auwald im Nebel – ihresgleichen sucht.

Abseits von Flaucher, bekannten Mountainbikerouten und Touristenströmen gibt das vorliegende Buch intensive und teilweise auch sehr unmittelbare Einblicke in die Natur an der Isar. Wir laden Sie, liebe Leserinnen und Leser, ein, die Isar von einer neuen und vielleicht noch gänzlich unbekannten Seite kennenzulernen – von der Quelle bis zur Mündung.

Wie es ist, bei Sonnenaufgang auf einem Berggipfel zu stehen, nachts den Sternenhimmel über sich zu betrachten oder frühmorgens durch tauüberzogene Wiesen zu streifen, auf der Suche nach Motiven im ersten Sonnenlicht – 26 Fotografen erzählen in ihren Bildern Geschichten von teils sehr persönlichen Naturbegegnungen.

Was wir an der Isar gefunden haben, sind nicht die großen Stoffe, sondern es ist die Magie des Kleinen, die Faszination des Verborgenen – und mit jedem Schritt in diesem Projekt ist die Begeisterung für die Natur im eigenen Umfeld gewachsen. Auf den folgenden Seiten wollen wir diese Begeisterung weitergeben, wollen anregen, selbst die Natur in der näheren Umgebung zu erkunden und zu schützen.

DIE QUELLE

HOCH OBEN IM KARWENDELGEBIRGE

Im Karwendelgebirge liegt die Quelle der Isar. Raue Witterungs- und Standortbedingungen beherrschen den alpinen Natur- und Kulturraum. Hier, in der arten- und facettenreichen Tier- und Pflanzenwelt, beginnt unsere Reise entlang der Isar.

Erdgeschichtlich gesehen, ist die Isar ein junger Fluss. Ihr heutiger Verlauf ist von den Gletschern der Würmeiszeit geprägt. Auf deren Höhepunkt vor etwa 25 000 Jahren flossen Gletscher von den Alpen weit bis ins Alpenvorland, am weitesten reichte der Isar-Loisach-Gletscher nach Norden. Eine seiner Zungen erstreckte sich bis Schäftlarn südlich von München und schürfte auf seinem Weg eine Mulde aus. Nach dem Rückzug der Eismassen bildete sich dort ein Schmelzwassersee, dessen Ablauf sich mit der Zeit tief in die Endmoränen einschnitt und so das heutige Isartal bildete. Seitdem entspringt die Isar in den Nördlichen Kalkalpen, genauer im Tiroler Teil des Karwendelgebirges.

Einst galt die Quelle des Lafatscher Baches an der Hallenangeralm auf 1770 Meter Höhe als Ursprung der Isar. Noch heute ist diese Stelle als »Isarquelle« ausgeschildert. Bei lang anhaltender Trockenheit oder auch im Winter kann diese Quelle jedoch versiegen, daher definierte man den ergiebigen Quellbereich im darunterliegenden Hinterautal auf 1160 Meter Höhe als offizielle Isarquelle.

Bis Scharnitz ist die Isar ein naturbelassener Wildfluss — mal rauscht sie durch tief eingeschnittene Schluchten, mal mäandert sie durch das breite Geröllbett des Hinterautals. Die ungeschliffenen Gipfel des Karwendelgebirges rahmen das Isartal ein. Die Birkkarspitze ist der höchste Gipfel unter ihnen, 2749 Meter hoch, ragt sie etwa 1600 Meter über den Isarquellen auf.

In den Hochgebirgslagen der Nördlichen Kalkalpen, die aus mehr als 150 Millionen Jahre alten Meeresablagerung entstanden sind, herrschen extreme Witterungsbedingungen. Starke Sonneneinstrahlung, hohe Niederschläge im Sommer wie im Winter, Frost und natürliche Prozesse wie Lawinen und Muren nagen tagtäglich an den schroffen Gipfeln.

Kalkstein gehört zu den eher weichen Gesteinen. Die Verwitterung schreitet daher in den Kalkalpen schneller voran als beispielsweise am Alpenhauptkamm. Im Bereich

‹ Der Tannenhäher bewohnt Bergwälder bis 2000 Meter ü. NN. Seine wichtigste Nahrung sind die Samen der Zirbelkiefer. Im Herbst versteckt er sie im Waldboden als Wintervorrat und trägt so zum Fortbestand der Zirbelkiefer bei.

⌃ Durch die Nordstaulage des Karwendels und die Abschattung des Geländereliefs sammeln sich im Winter im Hinterautal enorme Schneemengen an. Das Untergrundwasser der Isarquellen und die hohe Fließgeschwindigkeit verhindern ein Zufrieren der Isar.

∧ Während die Sonne im Herbst hinter dem Wettersteingebirge untergeht, dröhnen aus den Hangwäldern des Isartals unterhalb der Pleisenspitze die Brunftrufe der Rothirsche. Auch den Herbstruf des Sperlingskauzes kann man hier hören.

› Die Alpendohle gehört zur Familie der Rabenvögel und lebt im Hochgebirge. Auf frequentierten Gipfeln beteiligt sich der freche Vogel gerne an der Brotzeit der Wanderer.

KIES UND SAND, DIE AUF DEM GRUND DER ISAR WEITE STRECKEN FLUSSABWÄRTS TRANSPORTIERT WERDEN, NENNT MAN GESCHIEBE. DIESES BILDET EINE WICHTIGE LEBENSGRUNDLAGE FÜR TIERE UND PFLANZEN ENTLANG DER ISAR.

———

der Isar entstehen dadurch große, landschaftsprägende Geröllfelder, die bis weit hinunter in das Hinterautal hineinreichen. Die Isar nimmt durch ihre Fließgeschwindigkeit im Hochgebirge große Mengen an Geröll und Schotter mit. Steine und Felsbrocken werden im Fluss zermahlen und glatt geschliffen. Kies und Sand, die am Grund der Isar weite Strecken flussabwärts transportiert werden, nennt man Geschiebe. Es bildet eine wichtige Lebensgrundlage für Tiere und Pflanzen entlang der Isar.

Die extremen Witterungsbedingungen sorgen im Hinterautal für ein vielfältiges Mosaik unterschiedlichster Lebensräume, die eine außergewöhnlich große Pflanzenvielfalt ermöglichen. Neben Orchideen findet man Enziane, Steinröschen, Alpen-Astern und mit etwas Glück sogar das Sinnbild der Alpen, das Edelweiß. Nach einem sommerlichen Regenschauer lassen sich oft direkt neben einem Wanderweg die glänzend schwarzen Alpensalamander entdecken. Im Unterschied zu Amphibien, wie beispielsweise dem Grasfrosch, die ihren Laich in Gewässern ablegen, bringt das »Bergmandl«, wie der Alpensalamander auch genannt wird, seine Nachkommen lebend zur Welt.

In der Abgeschiedenheit des Hinterautals leben Gämsen. Dem aufmerksamen Wanderer begegnen in den Hochlagen im Sommer regelmäßig große Rudel. Den Winter verbringen einige Gämsen an südexponierten Steilhängen direkt über der Isar, denn hier ist die Schneedecke dünn und die ersten warmen Sonnenstrahlen lassen den Schnee früh schmelzen. Die hohen Wildbestände kommen wiederum dem Steinadler zugute, der im Karwendel eine der höchsten Revierdichten im Alpenraum hat.

Bei Scharnitz trifft die Isar erstmals auf die Zivilisation; der nächste Flussabschnitt ist maßgeblich vom Menschen mitgestaltet.

‹ Im Hinterautal wird im Winter oberhalb der letzten Hirschfütterung
kein Weg offen gehalten. Die Gegend
wirkt verlassen, doch die zahlreichen
Spuren im Schnee zeugen von
reichem Tierleben.

⌄ Oberhalb der offiziellen Quellen
variiert die Wassermenge der Isar
stark, je nach Niederschlägen und
Jahreszeit. Das mitgeführte Geröll ist
hier noch kantig und ungeschliffen.

∧ Bis Mitte des vorigen Jahrhunderts lebte das Birkhuhn noch in Mooren und Heiden der Münchner Schotterebene. Heute ist es sehr selten geworden und auf die alpine Waldgrenze beschränkt, es kommt auf den Bergzügen des Isartals oberhalb 1400 Metern vor.

> Das »Rossloch« genannte Tal geht im Westen ins Hinterautal über. Hier ist beispielhaft zu erkennen, wie das extreme Geländerelief mit Latschen und Geröll-feldern wechselnde und kaum zugängliche Lebensräume schafft.

⌃ Weil die Isarquelle manchmal versiegt, hat man weiter unten auf 1100 Metern ü. NN. eine Stelle als den Isarursprung bei den Flüssen deklariert. Von dieser Stelle an führt die Isar immer Wasser.

› Der Birkkarbach fließt durch die Klamm gleichen Namens und mündet unterhalb der Kastenalm in die Isar.

^ Die baumfreie Felslandschaft im
Karwendel bietet dem Alpenschneehuhn
einen Lebensraum. Dank seiner perfekten
Tarnung ist es nur schwer zu entdecken.

> Versteckmöglichkeiten sind im Hoch-
gebirge Mangelware. Daher wechselt
das Alpenschneehuhn im Jahresverlauf
zweimal das Gefieder. Fleckig braun im
Sommer, schneeweiß im Winter.

> Die perlmuttfarbenen Flecken sind für den Großen Perlmuttfalter charakteristisch. Sein Lebensraum sind die blütenreichen Almen im Oberen Isartal.

⌄ Das Isartal ist reich an Orchideen, allein im österreichischen Teil des Karwendelgebirges wachsen über 40 Arten. Die Wohlriechende Händelwurz bevorzugt kalkreiche Böden bis in Höhen von 2200 Metern.

<Das Rote Waldvögelein wächst in sonnenexponierten, lichten Hangwäldern des Isartals.

∨ Der seltene Rosmarin-Seidelbast kommt an der Isar noch in guten Beständen vor. Als Schwemmling hat ihn die Isar bis weit ins Alpenvorland gebracht.

In den direkt über der Isar aufragenden Bergen ist der Alpensteinbock ein seltener Gast. Doch in den umliegenden Seitentälern, etwa im hinteren Rißtal, leben große Gruppen.

Kurz unter der Gleirschhöhe, gegenüber der Gleirschklamm kann man den tief eingeschnittenen Verlauf der Isar überblicken, wie sie sich durch die Schlucht in Richtung Scharnitz schlängelt.

AUFGESTIEGEN UND ABGEFAHREN

Skibergsteigen ist für mich eine der schönsten Arten, Natur hautnah zu erleben. Die tief verschneiten Bergkulissen, die mich auf dem Weg zum Gipfel umgeben, faszinieren mich jedes Mal aufs Neue. Auch hier ist der Weg das Ziel.

Man bewegt sich nicht auf Wegen und wird nicht geleitet, sondern das Gelände gibt die Möglichkeiten vor. Bei der gleichmäßigen Aufwärtsbewegung sieht man die Steigung nicht nur mit den Augen, sondern man spürt sie auch durch den Puls, der das Überwinden der Höhenmeter widerspiegelt. Hoch über dem Tal der Isarquelle ragt die Pleisenspitze empor – ein ideales Gelände für eine Skitour. Anfangs geht es durch den Wald, kleine Lichtungen sorgen für Abwechslung.

Auf Skitour ist man immer aufmerksam, ist ständig auf der Suche nach der passenden Spur, bleibt wachsam für Veränderungen, zum Beispiel in den Schneeverhältnissen oder für Lawinenanzeichen. Das schärft ganz automatisch auch den Blick für die Natur, die einen umgibt. Jede Bewegung einer Alpendohle, eines Tannenhähers oder das Auftauchen eines kreisenden Adlers fallen sofort auf. Gämsen oder Steinböcke sieht man schon von Weitem.

Langsam schieben sich die Ski bei jedem Schritt vorwärts, bis ich nach zwei Stunden über die Waldgrenze hinaus ins freie Gelände komme. Der Blick weitet sich und der Isarverlauf breitet sich tief unten im Hinterautal aus. Der Gipfel der Pleisenspitze kommt in Sicht und mit jeder halben Stunde rückt das Ziel näher. Die kühle Morgenstimmung weicht einem sonnigen Tag, nach weiteren zwei Stunden ist der Gipfel erreicht – der Ausblick belohnt für die Anstrengung durchs steile Gelände.

Von hier aus kann ich den Verlauf der Isar von der Quelle bis nach Scharnitz überblicken. Ich packe meine Gipfelbrotzeit aus – der Apfel schmeckt hier oben tausendmal besser, auch weil ich weiß, dass ich ihn die ganze Strecke mit heraufgetragen habe. Ich genieße die Gipfelrast, freue mich, den Aufstieg geschafft zu haben, und lasse den Blick über das Isartal schweifen. Ein Schluck Tee und die übergezogene Daunenjacke sorgen für ein wohliges Gefühl. Der Genussteil der Tour, die Abfahrt, liegt noch vor mir: das Schwingen auf den Pulverschneehängen ist mit keinem anderen Bewegungsgefühl zu vergleichen.

Für den Naturfotografen auf Skitour ist meist nicht der Gipfel die beste Gelegenheit für Aufnahmen, sondern es sind die Momente rechts und links der Spur: wenn die Sonne die Landschaft verzaubert, wenn es am Horizont so ganz leicht zu dämmern beginnt und die Farben schließlich immer intensiver werden – ein Alpenglühen am Morgen; wenn ihre ersten Strahlen durch den Bergwald brechen oder wenn sie die umliegenden Gipfel kurz vor dem Sonnenuntergang noch einmal in warmes, fast schon unwirkliches Licht taucht und die Berge ein zweites Mal am Tag zu brennen scheinen.

∧ Ende Januar geht die Sonne schon
kurz nach 18 Uhr unter. Ihre letzten
Strahlen lassen das verschneite
Latschenfeld kurz über der Pleisen-
hütte noch einmal orange leuchten.

‹ Das letzte Licht des Tages bestrahlt den Reps und die Sunntigerspitze. Der blaue Himmel spiegelt sich in der Isar im Hinterautal kurz nach dem Isarursprung bei den Flüssen und lässt das Wasser blau strahlen.

˅ Die steile Isarschlucht südlich von Scharnitz ist Heimat der Gämsen. Selbst im Winter taut oder rutscht der Schnee von den Felswänden und gibt schmackhafte Gräser und Kräuter frei.

^ Weit hallt das Pfeifen der Murmeltiere über die Almen im Isartal. Bei drohender Gefahr nutzen die Nagetiere die Rufe zur Kommunikation und Warnung.

> Die Gletscher haben im Rossloch ein U-Tal ausgeschliffen. Die flachen Hänge sind mit alpinem Rasen bewachsen und bieten vielen Gämsen einen idealen Sommerlebensraum.

KLETTER-KÜNSTLER DER ALPEN
DIE GÄMSE

Jeder Alpinist kennt die Gefahren des Berges: Im Winter sind es Lawinen, im Sommer Steinschläge, Felsbrüche und steil ausgesetzte Passagen. Uns Menschen helfen in diesem Terrain nur Erfahrung, Wachsamkeit und ein gutes Risikomanagement.

Andere kommen mit diesen abweisenden Bedingungen viel besser zurecht: die Gämse zum Beispiel – oder Gams, wie Volksmund und Jäger sagen. Die nötige Erfahrung wird von den Müttern an ihre Kitze weitergegeben.

Die Geiß wirft meist nur ein Kitz im Frühjahr nach einer Tragezeit von einem halben Jahr. Es wird drei Monate gesäugt und ist nach etwa zwei Jahren ausgewachsen.

Bis dahin ziehen die Kitze mit den Müttern in größeren Familiengemeinschaften durch ihr angestammtes Gebiet. Jede Geiß, jeder Familienverbund hat seine bevorzugten

Routen. Die Böcke sind oft Einzelgänger, vor allem wenn sie älter werden. Gämsen können bis zu zwanzig Jahre alt werden.

Wenn sich im November/Dezember der Winter ankündigt, treffen sich die Böcke und stecken ihre Reviere ab. Das beginnt mit Imponiergehabe und ausgiebigem Flehmen, einer Art Riechen mit der Zunge. Die starken, alten Böcke tragen dann rasante Revierkämpfe aus, die beindruckend anzusehen sind und das ganze Bewegungspotenzial der Gams zeigen. In ausgedehnten Hetzjagden sausen die Tiere bergauf und bergab. Die Böcke springen mit einer atemberaubenden Geschwindigkeit durch felsiges, steiles Gelände und jagen einander über Schneefelder. Dieses imposante Schauspiel kann mehrere Minuten dauern.

Der Speiseplan und das Leben der Gams sehen im Winter ganz anders aus als im Sommer. Als Wiederkäuer hat sie im Sommer eine reiche Auswahl an Bergkräutern zur Verfügung, die sie in großen Mengen frisst. Die Nahrungssuche und das Leben sind in dieser Zeit einfach für die Gams. Das ändert sich im Winter drastisch: Die Gams nimmt viel weniger zu sich, die Nahrung besteht aus trockenen Gräsern, kleinen Sträuchern und Flechten. Dieses Angebot muss zudem aufwendiger gesucht werden an schneefreien Stellen in der Landschaft und oft auch unter dem Schnee,

der erst weggekratzt werden muss. An Flecken, die durch Gleitschneelawinen freigeräumt wurden, stehen oft Gamsrudel zum Fressen. Auch das Fell der Gams ändert sich vom Winter zum Sommer. Ist es in der kalten Jahreszeit dunkel, fast schwarz und damit in der Lage, die Sonnenenergie gut aufzunehmen, wird es im Frühjahr grauer bis zu einer hellbraunen Farbe im Sommer. Die Haare entlang der Rücken-linie heißen Gamsbart und waren früher eine sehr begehrte Trophäe für Jäger.

Der Bereich, in dem die Isar durch das Karwendel fließt, ist eines der Gebiete der Alpen mit der größten Populationsdichte für Gamswild. Insbesondere das Gelände, das vom Bergwald aufwärts über die vielen Gras-matten bis weit in die Felsen reicht, ist ein idealer Lebensraum für die Tiere.

‹ ˅ Im Sommer zeigen die Gämsen ihr hellbraunes Sommerkleid. An den steilen, südexponierten Hängen der Isarschlucht bei der Gleirschbachein-mündung können sie winters oft schon vom Weg aus beobachtet werden.

< Das Kalkgestein des Karwendels ist sehr
verwitterungsanfällig, die Berghänge
sind daher mit vielen Höhlen durchsetzt.
Diese bizarre Höhlung ist allerdings
aus einer eingelagerten, besonders weichen Gesteinsschicht förmlich heraus-
gebrochen.

∨ Der Alpensalamander ist die charak-
teristische Amphibienart der alpinen
Hochlagen rund um die Isar. Fernab von
Laichgewässern ist er auch die einzige
Art, denn als lebendgebärender Lurch ist
er in seiner Fortpflanzung vom Wasser
unabhängig.

˄ Die Sonne ist gerade hinter Scharnitz untergegangen und lässt den Abendhimmel orange leuchten. Der Blick schweift vom Gipfel des Reps, dem Isarverlauf folgend, nach Westen.

> Im Sommer ist die Isarquelle nahe der Hallerangeralm schwer auszumachen. Nach dem ersten Schnee zeichnet sich ihr Verlauf abstrakt in der Winterlandschaft ab.

BLAUES JUWEL

IM BREITEN BETT DER OBEREN ISAR

Steile Felswände, bizarre Hangwälder
und ein breites Flussbett mit unendlich
wirkenden Kiesbänken. Manchen mag das
obere Isartal an die nordamerikanische
Wildnis erinnern. Besonders hier finden
wir noch Seltenheiten und Spezialisten
intakter Wildflusslandschaften und beobachten Rothirsche bei der Brunft.

Ab Scharnitz fließt die Isar in nördlicher Richtung vorbei am wild blühenden Riedboden durch die Stadt Mittenwald. Nach nur 30 Kilometern ihrer Reise erreicht sie bei Krün das erste große Stauwehr. Dennoch gilt der anschließende Flussabschnitt zwischen Wallgau und dem Sylvensteinspeicher als eine der letzten verbliebenen naturbelassenen Wildflusslandschaften Deutschlands.

Überblickt man hier das Isartal, könnte man meinen, man befände sich in der abgelegenen Wildnis Kanadas. Mittendrin leuchtet die Isar türkisblau in ihrem breiten Kiesbett. Gelöste Kalkminerale und die geringe Fracht an Schwebstoffen sind die Ursache für diese markante Farbe. Der Talgrund im südlichen Teil des Naturschutzgebiets »Karwendel und Karwendelvorgebirge« ist bis zu 500 Meter breit, das Gewässerbett weit verschlungen, steil ragen die Felsflanken am direkt angrenzenden Vorgebirge auf.

Die weitläufigen Kiesbänke sind Lebensraum für Spezialisten wie den Kiesbank-Grashüpfer oder Pionierpflanzen wie die Deutsche Tamariske. Gut getarnt, legen Flussregenpfeifer und Flussuferläufer ihre Eier auf die sich jährlich verlagernden Kiesbänke. Während der Brutzeit ist Vorsicht geboten: denn schnell ist ein Nest der stark gefährdeten Vogelarten zwischen den Kieseln übersehen, jeder unachtsame Schritt kann fatale Folgen haben.

Doch der ökologische Wert des Isartals ist in diesem Bereich nicht nur auf Wildfluss und Talgrund beschränkt. Die angrenzenden Hangwälder sind felsig, steil und strukturreich. Die unzähligen abgestorbenen Bäume sind Nahrungsgrundlage und Brutstätte für seltene Vogelarten wie den Weißrücken- und Dreizehenspecht oder den Sperlingskauz.

Eine dichte Strauchschicht gibt dem versteckt lebenden Haselhuhn nahezu perfekte Tarnung und Deckung. Folgt man bei einer Wanderung den Steigen in Richtung Vorgebirgsgipfel, erreicht man die Lebensräume der Auerhühner. Sie bevorzugen lichte, alte Fichtenwälder mit einem Unterwuchs

‹ Die ausgedehnten Kiesbänke der Isar
sind nur spärlich bewachsen. Hier leben
spezialisierte Heuschreckenarten wie der
seltene Kiesbank-Grashüpfer.

ʌ Zwischen Wallgau und Sylvensteinsee
verläuft die Isar in West-Ost-Richtung.
Der Taleinschnitt gibt den Blick frei auf das
Wettersteinmassiv mit der Zugspitze.

∧ Der Rißbach entspringt in der Eng im Karwendel. Nach seinem Weg durch den Großen Ahornboden und das Rißtal mündet er bei Vorderiß in die Isar.

> Im klaren Wasser der Isar sucht die Wasseramsel schwimmend und tauchend nach Wasserinsekten.

aus Heidelbeeren, die es auf den etwa 1000 bis 1500 Meter hohen Gipfeln noch in großer Ausdehnung gibt. An der Waldgrenze angekommen, trifft man im Übergangsbereich zu den ausgedehnten Latschengebüschen auch Birkhühner an. Im Herbst ist in den urigen Wäldern der steilen Hangleiten das Röhren der Rothirsche zu hören: die Brunft ist hier um diese Jahreszeit in vollem Gang.

Das »Blaue Juwel«, wie die Isar in dieser Gegend auch genannt wird, fließt auf Höhe des Ortes Fall in einen Stausee, den Sylvensteinspeicher. Er wurde 1959 gebaut, um Hochwasserereignisse abzupuffern, vor allem aber auch um die Wasserknappheit in flussabwärts gelegenen Siedlungen wie Bad Tölz zu beheben.

Der Sylvensteinspeicher und der Stausee bei Krün, der schon im Jahr 1924 zur Wasserableitung in das Walchenseekraftwerk errichtet wurde, sind massive Eingriffe des Menschen in die Gewässerdynamik. Der Stausee unterbricht den Transport von Schotter und Geröll. Das führt weiter flussabwärts zu Problemen wie Erosion und Eintiefung der Flusssohle.

Früher fiel die Isar unterhalb des Krüner Wehrs an durchschnittlich 300 Tagen im Jahr trocken. Erst 1990 konnten Naturschützer den Verbleib einer Restwassermenge im Flussbett erwirken. Der Fluss hat aufgrund der reduzierten Wassermenge dennoch bis heute meist zu wenig Kraft, um Kiesbänke umzuschichten. In der Folge werden die offenen Kiesbereiche durch eine zunehmende Verbuschung immer kleiner und stehen den typischen Pflanzen und Tieren nicht mehr als Lebensraum zur Verfügung.

‹ Der Herbst hat die Wälder rechts und links der Isar gelb und rot gefärbt, die ersten goldenen Sonnenstrahlen machen die Farben noch intensiver in diesem Ausblick vom Hennenköpfel auf den unter Wolken verborgenen Isarverlauf.

˅ Die Hangwälder des Isartals sind recht naturnah mit einem hohen Totholzanteil. Das kommt dem Dreizehenspecht zugute. Sein Gesamtbestand in Bayern wird auf lediglich 700 bis 1100 Brutpaare geschätzt.

∧ Der Sperlingskauz ist die kleinste einheimische Eule. Er bewohnt reich strukturierte, naturnahe Wälder, brütet in Spechthöhlen und kann sogar Vögel erbeuten, die seine Größe von maximal 20 Zentimetern übersteigen.

> So mögen sich früher die Menschen den Rand der Welt vorgestellt haben. Fast irreal wirkt die spiegelglatte Wasseroberfläche unter dem Nebel.

> Das Auerhuhn stellt höchste Ansprüche an seinen Lebensraum und ist daher in Mitteleuropa sehr selten geworden. Auch hier zeigt sich der extrem hohe ökologische Wert der Isar-Hangwälder: Sie genügen diesen Ansprüchen des Auerhuhns, wie man an den guten Populationen erkennen kann.

∨ Von Juli bis etwa Mitte August geht der seltene Alpenbock an absterbenden oder toten Buchen und Bergahornen auf Partnersuche. Nach der Paarung legt das Weibchen seine Eier in Rissen und Spalten im Holz ab, erst nach etwa vier Jahren wird aus der Larve wieder ein neuer Alpenbock schlüpfen.

∧ Die Haubenmeise ist eine von vielen Kleinvogelarten, die in den Nadelwäldern rund um die obere Isar leben. Sie bleibt auch im Winter in unseren Breiten und trotzt hier der Kälte.

> Ein sehr seltener Brutvogel an der oberen Isar ist der Karmingimpel, der sich hier an seiner westlichen Verbreitungsgrenze befindet. Er benötigt offene Landschaften mit verteilten Gebüschgruppen.

∧ Die Barrenringelnatter wurde erst 2017 als eigene Art von der Ringelnatter abgegrenzt. Die hier abgebildete Alpen-Barrenringelnatter wurde 2019 als eine Unterart beschrieben, die vereinzelt an der Isar zwischen Sylvensteinsee und Scharnitz vorkommt.

> Nach dem Bau des über 40 Meter hohen Staudamms wurde das Obere Isartal weitläufig aufgestaut. Der heutige Sylvensteinspeicher reicht bis weit in die mit Mischwald bestandenen Seitentäler, sogar die Ortschaft Fall wurde für ihn umgesiedelt.

‹ Der fast vier Quadratkilometer große Sylvensteinstausee ist eine wahre Sehenswürdigkeit und beliebtes Ausflugsziel für Badegäste und Angler. Die stimmungsvolle Morgendämmerung jedoch bleibt den meisten Tagestouristen verwehrt.

ᐯ Nach der Einmündung des Rißbaches bei Vorderriß hat die Isar bei Hochwasser genug Kraft, um die ursprüngliche Wildflusslandschaft offen zu halten und seltenen Arten einen Lebensraum zu bieten.

WILDWASSER

Stille – nur das entfernte leise Rauschen der Isar ist zu hören. Noch ist es so dunkel, dass ich kaum das Zugspitzmassiv erkennen kann. In der Ferne zeichnen sich nur leichte Schemen der gewaltigen Berggipfel ab.

Mitten in die Stille des Morgens hinein dröhnt dann – ganz plötzlich und unerwartet – das Röhren eines Rothirschs. Es kommt vom nahe gelegenen Hang.

Moment mal, wie kann das sein? Es ist Mitte Dezember, die Hirschbrunft sollte lange vorbei sein ... Immerhin steigt in mir die Hoffnung, dass ich hier nicht umsonst in der eisigen Morgendämmerung auf meinem Aussichtspunkt ausharre. Es heißt, weiter warten und hoffen. Ich gebe mir Mühe, wach zu bleiben, damit mir nicht im entscheidenden Moment etwas entgeht. Gebannt schaue ich auf die Isar. Die dampft in der Kälte, kleine Nebelschwaden wabern durch die Landschaft. Langsam wird es heller. Wenn doch jetzt ein Rudel Hirsche den Fluss überqueren würde, vor der Bergkulisse gäbe das ein fantastisches Motiv!

Auf meinem Weg hierher habe ich zahlreiche Fährten gefunden, was mir zeigt, dass diese Furt in der Isar ein gut frequentierter Hirschwechsel sein muss. Ich bin sicher, ich bin auf der richtigen Spur – aber werden die Hirsche auch heute kommen?

Nein, sie kommen nicht. Wieder und wieder suche ich in der nächsten Zeit diese Stelle auf – jedes Mal ohne Erfolg. Ende Januar stelle ich dann schließlich fest: Die Hirschfährten sind verschwunden. Es sieht so aus, als müsste ich mein Vorhaben um ein Jahr verschieben. Die Hirsche wechseln wohl hauptsächlich im Herbst täglich über die Isar, da sie an den Südhängen der Talseite bessere Nahrungsbedingungen vorfinden.

Beharrlichkeit und eine gesunde Portion Optimismus gehören zur Grundausstattung eines Naturfotografen – und so sitze ich im darauffolgenden November wieder an dieser Stelle. Bis zu drei Hirsche höre ich rufen, einer von ihnen muss ganz nahe sein. Die Hoffnung keimt erneut in mir auf. Wieder finde ich zahlreiche Hirschfährten durch die Isar. Aber es bleibt auch in diesem Jahr beim Hören der Hirschrufe zur Nachbrunft. Keiner traut sich vor die Kamera.

Wenn ich mir ein Motiv in den Kopf gesetzt habe, dann gebe ich nicht so schnell auf.

< Im Winter locken Fütterungen die Rothirsche in Talnähe, wo sie gelegentlich sogar von der Straße aus zu beobachten sind. Diese Fütterungen sind notwendig, da das Wild nicht mehr wie in früheren Zeiten im Winter in die Auen des Alpenvorlands ziehen kann.

∧ Das Isartal zwischen Wallgau und Sylvensteinsee ist eine der letzten naturbelassenen Wildflusslandschaften Deutschlands und genießt einen hohen Schutzstatus als Naturschutzgebiet, Fauna-Flora-Habitat (FFH) und Vogelschutzgebiet.

∧ Eine Hirschkuh durchquert mit zwei Jungtieren die Isar. Im Herbst und Frühwinter queren Rothirsche täglich die Isar, um zwischen ihrem Tageseinstand und dem Nahrungsgebiet zu wechseln.

Also bin ich auch ein weiteres Jahr später wieder in der Gegend unterwegs. Ich möchte von einem höher gelegenen Standpunkt aus Landschaftsaufnahmen vom Sonnenuntergang über dem Isartal machen. Anschließend schaue ich noch schnell bei meinem Ausblick über den Hirschwechsel vorbei. Dort steht bereits ein Naturfotograf, der mir freudestrahlend berichtet, dass vor wenigen Minuten ein ganzes Hirschrudel durch die Isar gezogen ist. Während wir uns noch unterhalten, kommen noch zwei Hirsch-Nachzügler. Ich versuche noch hektisch, meine Fotoausrüstung aufzubauen, doch es ist zu spät, die Hirsche sind längst wieder weg. So nahe dran war ich noch nie!

Eine Mischung aus Frustration und Hoffnung macht sich bei mir breit. Auf jeden Fall weiß ich jetzt, meine Hirsche, sie sind kein Phantom, sie sind wirklich da und sie queren die Isar genau an dieser Stelle, wo ich es all die Jahre schon vermutet habe. Motiviert von diesem Fast-Erfolg, ziehe ich in den nächsten Tagen wieder los.

Und dann, nach drei Jahren des Wartens, des Ausharrens und des Frierens in dämmeriger Kälte, werden meine Mühen endlich belohnt: Ein Rudel Hirsche überquert die Isar im schönsten Abendlicht – und heute ist die Kamera fertig aufgebaut. Ich muss nur auf den Auslöser drücken. Am Ende ist alles so einfach. Endlich habe ich die Bilder, die ich schon seit Jahren in meinem Kopf mit mir herumtrage, ein fast schon erlösendes Gefühl.

Wie oft habe ich an dieser Stelle gesessen und gewartet? Wie oft kam ich mit klammen Fingern und einer gehörigen Portion Frust zurück ins Tal, weil ich wusste, wie nahe ich den Tieren war und eben doch nicht nahe genug? Ich weiß es nicht mehr. Und in diesem Moment ist es auch gar nicht mehr wichtig. Die Freude über die gelungenen Bilder und den beinahe magischen Moment, den ich soeben miterleben durfte, sie machen all die Anlaufschwierigkeiten und Rückschläge fast schon vergessen.

Ein Jahr später bin ich wieder vor Ort. Die Hirsche haben ihr Verhalten wieder geändert, und ich packe wieder unverrichteter Dinge Stativ und Kamera zusammen. So ist das eben in der Natur, alles ändert sich und nichts bleibt, wie es war.

∧ Wenn das Eis auf dem Sylvensteinsee langsam schmilzt, entstehen skurrile Formen. Ein Zeichen für den nahenden Frühling.

‹ Still liegt der Sylvensteinspeicher da, im grünen Wasser spiegelt sich die durch den ersten Schneefall verzauberte Berglandschaft.

∧ Wird das Flussufer überflutet und gefriert das Wasser, dann bilden sich oft bizarre Eisstrukturen.

> Die Maserung der abgestorbenen Fichte zeugt von den rauen Bedingungen im Gebirgswald. Durch Starkwind und Kälte wachsen die Bäume langsam, krumm und verwunden.

∧ Ein Waldlaubsänger schmettert
seinen Ruf, eine sich beschleunigende
Folge spitzer, metallischer Töne.
Er bewohnt lichte, mit Buchen bestan-
dene Hangwälder des Isartals.

‹ Die Frühlingsonne lässt die letzten
Schneefelder auf den Berggipfeln
im Isartal schmelzen. Vor ihrer Mündung
in den Sylvensteinspeicher rauschen
unzählige Wildbäche, wie der Grotten-
bach, durch tief eingeschnittene
Schluchten.

˄ Die Zuflüsse der Isar haben sich tief in das Kalkgestein gegraben. Im Winter bilden sich in den schwer zugänglichen Klammen oft meterlange Eiszapfen.

˃ Die Kraft des Wassers hat über Jahrtausende beeindrucktende Höhlungen und Klammen in den Fels gewaschen. Besonders nach der Schneeschmelze stürzen hier große Wasserfälle ins Tal.

SELTEN-HEITEN DER KIESBANK

An der Oberen Isar leben auf den ausgedehnten Kies- und Schotterbänken vier äußerst seltene Heuschreckenarten, auch das spricht für den herausragenden ökologischen Wert der Isar-Wildflusslandschaft. Diese Insekten haben Anpassungen entwickelt, um in den extremen Bedingungen ihres Lebensraums bestehen zu können. In der Sonne heizt sich der offene Boden stark auf, immer wiederkehrende Hochwasser wälzen den Kies um und zerstören in Teilbereichen einen sich langsam bildenden Bewuchs. So entstehen immer wieder neue kleinräumige Mikrohabitate, in denen auch viele andere spezialisierte Tiere leben, hauptsächlich unauffällige Insekten- und Spinnenarten. Von ihnen sieht man am ehesten noch eine der kiesbewohnenden Heuschrecken, wenn sie plötzlich vor einem aufspringt.

Die größte Rarität unter den Heuschrecken der Isar heißt Türks Dornschrecke, sie ist unmittelbar vom Aussterben bedroht. Selbst bei optimaler Bestandsdichte sind die Individuenzahlen recht gering, aufgrund ihrer gräulich gemusterten Tarnfarbe und ihrer geringen Größe von nur acht bis 13 Millimetern muss man teils stundenlang suchen, um sie zu entdecken. Türks Dornschrecke ist nicht nur auf voll besonnte Kiesbänke von Wildflüssen spezialisiert, sondern bevorzugt darin Bereiche mit einem Kies-Sand-Gemisch, die maximal 25 Prozent Vegetationsbedeckung aufweisen. In Anpassung an ihren Lebensraum kann sie sogar einige Minuten unter Wasser überleben.

Noch intoleranter gegenüber Pflanzenbewuchs ist die Gefleckte Schnarrschrecke. Die Weibchen werden bis zu 39 Millimeter lang und zählen zu den größten Feldheuschrecken Mitteleuropas. Ihre Tarnfärbung macht sie zwischen den Steinen fast unsichtbar. Wird sie jedoch gestört, fliegt sie mit einem schnarrenden Geräusch davon, wobei die rosa bis roten Hinterflügel aufleuchten. Eines ihrer letzten Habitate in Deutschland ist die Isar zwischen Wallgau und dem Sylvensteinspeicher.

Eng verwandt und sehr ähnlich ist die Rotflügelige Schnarrschrecke, die im selben Lebensraum vorkommt. Sie ist von den vier Heuschreckenarten noch am weitesten verbreitet, denn sie bewohnt auch andere steinige und trocken-warme Gebiete außerhalb der Kiesbänke, wie südexponierte Berghänge.

Der Kiesbank-Grashüpfer ist eine weitere extrem seltene Art an der Isar, mit zwölf bis 22 Millimetern ist er ein recht kleiner Vertreter aus der Familie der Feldheuschrecken. Die Grundfarbe ist rotbraun oder graubraun, Erkennungsmerkmale sind die rötlichen Hinterschienen der Hinterbeine, zwei dunkle Flecken auf den Hinterschenkeln und die schwarzen Hinterknie. Manchmal findet man auffällige Farbtupfer in der grauen Schotterflur: die Weibchen der Kiesbank-Grashüpfer, leuchtend pink.

Viele weitere hoch spezialisierte Arten bewohnen den auf den ersten Blick leblosen Uferschotter der Oberen Isar, darunter seltene Spinnen-, Käfer- und Zikadenarten. Sie alle können nur überleben, wenn eine möglichst ungestörte Fließdynamik der Isar erhalten bleibt.

‹ ⌄ Die Gefleckte Schnarrschrecke (linke Seite) ist auf den offenen Schotterflächen bestens getarnt. In Deutschland ist diese auffallend große Art vom Aussterben bedroht, ebenso wie der Kiesbank-Grashüpfer (rechte Seite unten, hier das auffällig gefärbte Weibchen), der auf offene Kiesufer naturbelassener Flüsse spezialisiert ist. Türks Dornschrecke (rechte Seite oben) ist mit acht bis elf Millimeter Länge geradezu winzig. Ihre Lebensraumspezialisierung ist extrem, entsprechend ist sie eine unserer seltensten Heuschrecken.

‹ Zwischen Wallgau und Sylvensteinsee
ist das Isartal eine Kältesenke, was
die nächtliche Nebelbildung über dem
Talgrund fördert. Am Horizont sieht
man das Karwendelgebirge und rechts
im Taleinschnitt die Zugspitze.

⌄ Dachse sind meist nachtaktiv.
Nur selten riskieren sie einen Spazier-
gang vor Einbruch der Dämmerung.
Den Tag verbringen die Tiere in ihren
weitverzweigten Bauen im Waldboden.

> Das dicke Eis auf dem Sylvensteinsee ist durch die Wasserschwankungen in große Schollen gebrochen. Bis die Frühlingssonne die Wasserfläche freigibt, werden jedoch noch Wochen vergehen.

ᵛ Auf dem nebelverhangenen Sylvensteinsee sind bereits frühmorgens Fischer mit ihren Booten unterwegs. Sie sind auf der Jagd nach großen Forellen und Saiblingen.

WILDER OBERLAUF

AUSBRUCH IN DAS ALPENVORLAND

Lichte Kiefernwälder und Magerrasen
treffen auf strukturreiche Buchenwälder, durchzogen von Felswänden
aus Nagelfluh. Umgeben von den größten
Eulen und Orchideen Deutschlands,
genießen wir den Blick auf die Pupplinger
Au aus der Vogelperspektive.

Nur wenige Kilometer flussabwärts vom Sylvensteinspeicher verlässt die Isar das Gebirge. Vor ihr liegt nun das Alpenvorland. Sanfte, meist bewaldete Hügel ersetzen die schroffen, kantigen Felsengipfel. Ein landschaftlich besonders reizvoller Flussabschnitt beginnt nördlich von Bad Tölz. Zwischen Geretsried und Baierbrunn mäandert die Isar auf weiter Strecke durch ein breites Tal, steile Leiten rahmen sie ein.

Kann ein Fluss frei fließen, bahnt er sich stets seinen eigenen Weg. Der Wasserstand schwankt regelmäßig. Dadurch, aber auch durch wiederkehrende Hochwasser, werden Kiesel, Sand, Geröll und Treibgut an bestimmten Stellen weggeschwemmt, an anderen dagegen abgelagert. Auf Schotterbänken am Rand des Flusstals, die nicht jedes Jahr abgetragen werden, können sich nach und nach Pflanzen und Tiere ansiedeln.

Besonders gut kann man dies in der Ascholdinger und Pupplinger Au beobachten. Auf den Kiesterrassen herrschen karge Standortbedingungen. Nährstoffarmut, Trockenheit und geringe Mengen an Humus haben einen lichten Wald aus Kiefern und Wachholder wachsen lassen. Ende Mai zeigt sich die größte deutsche Orchidee, der Frauenschuh, mit ihren gelben Blütenständen. Die lichten Kiefernwälder sind von artenreichen Magerrasen durchsetzt.

Hier treffen sich Schwemmlinge wie die Silberwurz, die der Fluss aus den Alpen angespült hat, und mediterran anmutende Orchideen wie die Große Spinnen-Ragwurz.

Mit etwas Glück lässt sich in sonnigen Bereichen am Fuß einer Kiefer die gut getarnte Kreuzotter beobachten, die an ihrem breiten Kopf und dem namensgebenden Zickzackmuster auf ihrem Rücken zu erkennen ist. Bei der Giftschlange ist Vorsicht geboten. Die Tiere sollten stets nur aus der Entfernung beobachtet werden.

Gletscher der vergangenen Kaltzeiten haben die malerisch hügelige Landschaft im Alpenvorland geformt, als sie hier große Mengen an Schutt und Geröll abgelagert haben. Im Lauf der Zeit hat sich die Isar tief in diese Hügel-

‹ Bereits Ende März erstrahlen die ersten Blüten auf den Magerrasen der Pupplinger und Ascholdinger Au. Neben der violetten Gewöhnlichen Küchenschelle findet man hier noch einzelne Exemplare der stark gefährdeten Frühlings-Küchenschelle.

ᴧ Sanft streifen die ersten Lichtstrahlen der Morgensonne durch den lichten Kiefernwald. Doch es wird noch einige Stunden dauern, bis die Sonne den Waldboden erreicht und der Tag für wechselwarme Tiere wie die Kreuzottern und das Wald-Wiesenvögelchen beginnt.

∧ Der Flussuferläufer ist ein streng geschützter Bodenbrüter. Seine Brutgebiete auf den Kiesbänken der Isar sind stark durch Besucher und Badegäste gefährdet.

> Graugänse gehören zu den häufigsten Wasservögeln, sie sind auch an der Isar leicht zu finden. Sie brüten für gewöhnlich einmal im Jahr. Die Küken schlüpfen zwischen April und Mai und bleiben bis zur nächsten Brut bei den Elterntieren.

DIE MALERISCH HÜGELIGE LANDSCHAFT IM ALPENVORLAND WURDE GRUNDLEGEND DURCH DIE GLETSCHER DER VERGANGENEN KALTZEITEN GEFORMT, ALS DIESE HIER GROSSE MENGEN AN SCHUTT UND GERÖLL ABGELAGERT HABEN.

—

landschaft eingegraben, zurückgeblieben sind steile Uferleiten. Überwiegend wachsen an den Hängen seither strukturreiche Buchenwälder – ein einzigartiger Lebensraum, der seinen weltweiten Verbreitungsschwerpunkt in Europa und insbesondere in Deutschland hat.

Am Fuß der Buchenwälder sammelt sich zwischen Leberblumen und Buschwindröschen im Frühjahr das Regen- und Schmelzwasser in kleinen Tümpeln. Schnell werden die oft kleinen Pfützen von zahlreichen Grasfröschen aufgesucht. Nach einigen Tagen ist das Spektakel auch schon wieder vorbei und nur die im Wasser schwimmenden großen Laichballen zeugen noch von der Zusammenkunft. Einige Wochen später werden hier Tausende kleine Kaulquappen zu einer neuen Generation von Grasfröschen heranwachsen.

Zwischen Geretsried und Baierbrunn sind diese Hänge vielerorts von steilen Nagelfluhfelsen durchzogen, einem Konglomerat aus »verbackenen« Flussablagerungen. Einige der einzigartigen Felsen sind ein optimaler Brutplatz für die größte deutsche Eule, den Uhu.

Andere stürzten durch Verwitterungsprozesse die Leiten hinab in die Isar. Dort haben sie Stromschnellen verursacht und waren zudem gefährliche Hindernisse für die Flößerei. Das Isartal war ab dem 12. Jahrhundert eine wichtige Handelsroute und die Flößerei ein bedeutender Wirtschaftsfaktor für die Region. Viele der großen Felsen hat man daher gesprengt, um den Fluss sicherer zu machen. Nur der Georgenstein zwischen Baierbrunn und Buchenhain ist erhalten geblieben. Er ist heute als Naturdenkmal geschützt und ein beliebtes Ausflugsziel der Münchner.

Etwas flussabwärts von Buchenhain erblickt man bereits die Großhesseloher Brücke, das Tor zur bayerischen Landeshauptstadt München.

‹ Bis Mitte des 20. Jahrhunderts bestand diese Stelle des Isartals bei Wolfratshausen noch aus breiten, gehölzfreien Kiesbänken. Aufgrund der fehlenden Hochwasser-Dynamik verbuschen die Lebensräume nach und nach.

˅ In der Morgendämmerungen strotzt der Rehbock vor Energie. In den Sommermonaten ist der Tisch für ihn reichlich gedeckt: Auf den extensiv genutzten Wiesen und Weiden im Isartal findet er wohlschmeckende Gäser und Kräuter.

∧ Der Langblättrige Sonnentau ist eine fleischfressende Pflanze und auf sehr nährstoffarme, feuchte Böden angewiesen. Er wächst im Isartal in kalkhaltigen Hangquellmooren.

› Die Sommer-Drehwurz ist eine botanische Kostbarkeit. Diese unscheinbare Orchidee ist in Mitteleuropa akut vom Aussterben bedroht, denn sie reagiert sehr empfindlich auf Stickstoffeintrag.

›› Den Tag verbringt der Laubfrosch gerne im Schilf oder in Gehölzen. Erst in der Dämmerung erscheint der maximal fünf Zentimeter große Lurch am Laichgewässer.

< Wo sich bei Bad Tölz das Isartal weitet, sind Hochmoore entstanden. Im August blüht in den etwas trockeneren Bereichen die Besenheide und verwandelt die Landschaft ein letztes Mal im Jahr in ein Blütenmeer.

∨ Im April, während der Paarungszeit, sind Kreuzottern – hier ein melanistisches Exemplar – am leichtesten zu finden. Zu dieser Zeit blüht auch die Schneeheide, eine typische Pflanze im Lebensraum der Kreuzotter.

∧ Auf den sandingen Flussablagerungen und im seichten Wasser der Isar sucht der Flussregenpfeifer nach Würmern, Insekten und Weichtieren.

> Die Rispige Graslilie wächst auf Magerrasen im Isartal. Zwischen den Blüten lauert eine Wespenspinne auf Beute. Sie hat sich erst in den vergangenen 50 Jahren mit der Klimaerwärmung in Mitteleuropa verbreitet.

MARIENSCHÖN ODER KRIEMHILDS HELM
DER GELBE FRAUENSCHUH

—

Das unverkennbare Merkmal dieser seltenen Pflanze ist das zitronengelbe, pantoffelförmige und bis zu vier Zentimeter große Blütenblatt, das der Orchidee ihren Namen gegeben hat. Unter den heimischen Orchideen hat der Gelbe Frauenschuh mit Abstand die größte Blüte. Sie kann bis zu acht Zentimeter groß werden.

Den Gelben Frauenschuh kennt man auch unter vielen anderen Namen wie Marienschön, Marien- oder Jungfernschuh, Kriemhilds Helm oder einfach nur Pfingstblume – passend zur Blütezeit zwischen Mitte Mai und Ende Juni.

Die Orchidee kann eine Höhe von bis zu 60 Zentimetern erreichen. Normalerweise bildet sich eine einzige Blüte an ihrem behaarten Stängel aus, bei hohem Wuchs jedoch können sich auch bis zu vier prachtvolle Blüten entwickeln.

Der Gelbe Frauenschuh ist anspruchsvoll – und genau das macht ihn so selten: Die Pflanze kommt als Halbschattengewächs insbesondere in lichtdurchfluteten Wäldern, auf Steppenheiden und Flussauen und somit auch am Oberlauf der Isar vor. Der Frauenschuh braucht viel Licht und Kalkböden. Zu eng stehende Bäume – wie sie in der zu intensiven Waldwirtschaft üblich sind – nehmen den bodennahen Pflanzen das Licht, sodass die Orchidee an solchen Standorten nicht auf Dauer gedeihen kann. Der Frauenschuh ist außerdem auf einen speziellen Mykorrhizapilz angewiesen, der nur in Verbindung mit Nadelbäumen vorkommt.

Ideale Wuchsbedingungen findet die Orchidee nur noch an wenigen Standorten in Bayern, sodass der Gelbe Frauenschuh in seinem Bestand als gefährdet gilt und in Deutschland und Bayern auf der Roten Liste steht. In allen europäischen Ländern ist der Frauenschuh streng geschützt.

Nicht nur die fehlenden Lebensraumbedingungen setzen dem edlen Gewächs zu, sondern auch Störungen während seiner langen Entwicklungsphase: vom Samenkorn bis zur blühfähigen Pflanze vergehen zwölf bis 15 Jahre.

Wird eine Jungpflanze durch den Tritt eines Menschen oder Tieres beschädigt, verlängert sich die Zeit bis zur Blüte um mehrere weitere Jahre.

Die Blütenblätter der prächtigen Orchideenart dienen als Insektenfalle. Die Innenseite der Blätter sind spiegelglatt, sodass Insekten, die vom feinen Duft der Orchidee angelockt werden, in den Kelch rutschen und dann nicht mehr durch den ›Haupteingang‹ hinauskommen können. Die gefangenen Insekten – meist Bienen und Schwebfliegen – müssen nun über den Nebenausgang schlüpfen, der am Pollenstempel vorbeiführt, wo sie die Pollen quasi im Vorbeigehen aufnehmen und auf ihre weitere Reise zur nächsten Blüte mitnehmen. Mit diesem Trick sichert sich der Gelbe Frauenschuh die Bestäubung, ohne den Insekten dafür einen Gegenwert wie Nektar zu bieten.

‹ ⌄ Mehr als 15 Jahre kann es dauern, bis aus den unterirdischen Rhizomen des Gelben Frauenschuhs die erste Blüte erscheint. Die auffällige Orchidee ist eine Fallenblume, die mit Duft und Farbe Insekten in ihren Blütenkelch lockt. Will das Insekt wieder entkommen, muss es vorbei an den Geschlechtsorganen und befruchtet dabei die Pflanze.

‹ In Flusstälern sammelt sich die kalte
Luft der umliegenden Landschaft,
wie hier an der Isar bei Wolfratshausen.
Besonders oft treten hier deshalb
Nebel und Raureif auf.

⌄ Die feuchtkalte Nacht hat das Isartal
in Raureif gehüllt. Jeder Grashalm,
jedes Blatt ist mit Eiskristallen überzogen.

∧ Der Große Gabelschwanz ist ein
Nachtschmetterling. Die Raupe lebt an
Weiden und Pappeln und kann zur
Abwehr von Fressfeinden Ameisensäure
verspritzen.

> Erdkröten haben glänzende orangerote
Augen mit waagerechten Pupillen.
Bei der Paarung umklammert das kleinere
Männchen das Weibchen und lässt erst
nach der Fortpflanzung wieder von ihm ab.

> Der Uhu ist ein Charaktervogel des Isartals zwischen München und Bad Tölz. Seit vielen Jahren nisten mehrere Brutpaare dieser größten, aber sehr störungsanfälligen heimischen Eule in den Nagelfluh-Wänden der Isarleiten.

v Die steilen Hangwälder bei Schäftlarn sind mit Nagelfluh durchzogen. Das Gestein wird auch als Herrgottsbeton bezeichnet und entstand aus Gletscherablagerungen, die durch kalkhaltige Bindemittel verbacken sind.

ÜBER DEN WOLKEN

Ich stehe auf dem Hennenköpfl, einem kleinen Gipfel an der Isar in der Nähe der Ortschaft Fall. Über mir zieht ein Steinadler seine Kreise in der Thermik. Ich schaue ihm nach, wie er majestätisch hoch über den Hängen dahingleitet, stets wachsam ist und aus seiner Perspektive alles im Blick hat.

Mit einem Mal kommt mir ein Gedanke: Wie wohl der Steinadler die Isar sieht? Wie mag der Flusslauf von oben aussehen? Wie die Bäume und Hänge? Welche Details lassen sich erkennen und was geht vielleicht einfach in Flächen und Farben auf?

Diese Gedanken holen mich wieder ein, als ich kurze Zeit später meinen guten Freund Tom treffe. Er hat gerade den Pilotenschein gemacht und braucht Übungsflüge – was mir die Gelegenheit bietet, die Isar einmal aus der Adlerperspektive zu betrachten.

Nachdem ich mich quasi selbst eingeladen habe, ist der Plan schnell gefasst: Wir wollen den gesamten Verlauf der Isar – von der Quelle bis zur Mündung – abfliegen. Bevor es in die Luft geht, gibt es einige Recherchearbeit zu tun: Mindestflughöhen müssen beispielsweise ermittelt werden, die über den sensiblen Gebieten der Isar eingehalten werden müssen zum Schutz von Wasservögeln und anderen Wildtieren.

Ausgestattet mit einer Frühstartgenehmigung, geht es dann an einem kalten Dezembertag bereits vor Sonnenaufgang in die Luft – darauf hatte der Fotograf an Bord bestanden. Ich möchte schließlich das beste Morgenlicht mitnehmen.

Tom schlägt Kurs in Richtung der Alpen ein. Schnell lassen wir München hinter uns, die Lichter der Großstadt werden immer kleiner und kleiner, bis sie ganz verschwunden sind. Ich bin schon oft geflogen, aber das Gefühl in dieser kleinen Cessna ist ein ganz anderes als in einem Linienflieger. Direkter, nahbarer, unvermittelter und auch ein bisschen erhaben. Ich betrachte den Verlauf der Isar von oben, eine ganz neue Perspektive für mich als Fotografen. Auch aus diesem Blickwinkel büßt die Isar nichts von ihrer Dynamik ein. Die Isar und die sie umgebende Landschaft bilden

‹ Vom Sylvensteinsee aus schweift der Blick bis weit ins Obere Isartal. Aus der Luft wirkt der mäandernde Verlauf der Isar wie ein künstlerisches Muster.

ᴧ In der Pupplinger Au nördlich von Wolfratshausen ist die Isar noch vom Menschen unbeeinflusst. Kiesbänke werden dynamisch umgelagert und große Mengen an Totholz verlagert.

∧ Bei Fall mündet der Schürpfengraben in den Sylvensteinsee. Der hohe Kalkanteil im Wasser lässt diesen türkisblau leuchten.

ATEMBERAUBENDES FARBENSPIEL: DAS WASSER DER ISAR LEUCHTET IN DER MORGENSONNE IN ALLEN SCHATTIERUNGEN VON SMARAGDGRÜN AM SYLVENSTEINSPEICHER BIS HIN ZU KOBALTBLAU IM MÜNDUNGSGEBIET.

—

ein eindrucksvolles Ensemble, werden fast eins. Das sieht man von hier oben noch viel besser als vom Boden aus.

Besonders gut lässt sich dies im frei fließenden Abschnitt nördlich von Wolfratshausen erkennen. Umlagerungen, Altarme, Kiesinseln und große Mengen an ausgerissenen Bäumen schaffen ein weitläufiges Mosaik.

Wir sind begeistert von dem atemberaubenden Farbenspiel, das sich unter uns zeigt: Das Wasser der Isar leuchtet in der Morgensonne in allen Schattierungen von smaragdgrün am Sylvensteinspeicher bis hin zu kobaltblau im Mündungsgebiet.

Wir erforschen die Strukturen des Karwendelgebirges aus der Luft, lassen uns vom Fluss und seinen Wendungen navigieren, Siedlungen und Straßen erinnern plötzlich an ein Miniaturland – und da wird mir plötzlich wieder einmal ganz augenscheinlich klar, welch kleines Rädchen der Mensch doch in diesem großen Gebilde der Natur ist.

Wir fliegen bis an den Isarursprung. Der Bachlauf windet sich, von der Quelle ausgehend, bergab durch den Schnee. Es ist kaum zu glauben, dass dieses zarte, fast schon zerbrechlich aussehende Rinnsal in wenigen Kilometern zu einem eigenwilligen, reißenden Fluss anwächst. Auch das wird aus der Adlerperspektive noch einmal sehr deutlich.

Das Fotografieren aus dem Flugzeug ist keine beschauliche Tätigkeit. Um Spiegelungen zu vermeiden, fotografiert man aus dem geöffneten Fenster. Dabei zerrt der Flugwind von mehr als 100 Stundenkilometern an der Kamera, und um senkrecht nach unten fotografieren zu können, muss Tom immer wieder Steilkurven fliegen – eine Herausforderung für Pilot und Fotografen gleichermaßen.

Komposition, die Wahl des Ausschnitts und des richtigen Blickwinkels, all das, was dem geübten Fotografen mit festem Boden unter den Füssen keine Probleme bereitet, ist in der Luft harte Arbeit. Über dem Talgrund kreisen jetzt auch wir wie der Adler – er auf der Suche nach Beute, einem Murmeltier, einer Maus, einer verunglückten Gämse, und ich auf der Suche nach einem interessanten Muster, einer Farbschattierung, einer besonders reizvollen Windung des Flusses.

∧ Im ersten Morgenlicht ertönt der Gesang eines Waldlaubsängers im düsteren Hangwald. Anders als viele Waldvögel brütet er nicht in Bäumen und Gehölzen, sondern auf dem Waldboden.

< Der Mond geht in einer partiellen Mondfinsternis, also im Halbschatten der Erde, über dem Isartal bei Geretsried auf.

STADT-ADER

VOM FLAUCHER BIS ZUM ENGLISCHEN GARTEN

Aufgestaut, begradigt und renaturiert –
der Mensch interagiert mit der Isar seit Jahrhunderten. Besonders zeigt sich dies in
der Großstadt München. Zwischen all
den Lichtern, Häusern, Straßen und Besuchern entdecken wir, besonders in der
Nacht, eine Vielzahl allgegenwärtiger, aber
auch heimlicher Vertreter der Tier- und
Pflanzenwelt.

Auf der Höhe von Icking wird ein Teil des Isarwassers in den sogenannten Isarkanal ausgeleitet. Parallel verlaufend, winden sich die beiden Wasserlinien aus dem tief eingeschnitten Flusstal. Auf Höhe der Großhesseloher Brücke erreicht die Isar, nach der Hälfte ihrer gesamten Fließstrecke zwischen Quelle und Mündung, das Stadtgebiet von München.

Nicht immer wurde die Isar so herzlich in der Landeshauptstadt begrüßt wie heute. Erst Ende des 20. Jahrhunderts wurde eine mehr als acht Kilometer lange Renaturierung des Flusses zwischen der Großhesseloher Brücke im Süden von München und den Frühlingsanlangen im zentralen Stadtgebiet initiiert. Nach zehn Jahren Bauzeit profitiert München heute nicht nur vom verbesserten Hochwasserschutz, auch die Artenvielfalt und die Wasserqualität wurden maßgeblich gefördert – und vor allem die Bevölkerung kann sich über diese naturnahen Freizeit- und Erholungsmöglichkeiten freuen.

Der Flaucher ist einer der bekanntesten Plätze an der Isar in München. Hier sind durch die Revitalisierung weitläufige, wildflussartige Landschaften mitten in der Innenstadt entstanden, die von unzähligen Besuchern zum Baden und zum Grillen vorwiegend an den Wochenenden genutzt werden.

Aber auch die Wasseramsel zieht ihren Nutzen aus den neu gestalteten Gewässerabschnitten und findet dort neue Lebensräume. Auf der Suche nach Köcherfliegenlarven und anderen Kleinstlebewesen taucht sie unerschrocken zwischen den Steinen in der Strömung.

Im Frühling lassen sich von den Stadtbrücken teils mehr als einen Meter lange rot gefärbte Huchen bei der Fortpflanzung beobachten. Der seltene Fisch wird auch als Donaulachs bezeichnet, da er nur in der mittleren Donau und ihren Zuflüssen beheimatet ist. Im flachen, gut durchströmten Wasser schlagen die Huchen mit ihren Schwanzflossen Gruben in den lockeren Kies, anschließend legen sie dort Tausende winzige Eier ab.

‹ Eine Lachmöwe sucht entlang des Ufers nach Nahrung. Der herbstliche Sonnenaufgang taucht die Sträucher in ein sattes Goldgelb.

⌃ Der Flaucher vermittelt mit seinen ausgedehnten Kiesbänken noch eine Anmutung der wilden Isar mitten im Stadtgebiet von München. Weitverbreitete Wasservögel wie Schwäne, Gänse und Enten leben hier.

∧ Der Biber war fast ausgerottet, als er ab Mitte des vorigen Jahrhunderts an vielen Stellen wieder angesiedelt wurde. Längst hat er sich schon über ganz Bayern verbreitet und ist auch mitten im Stadtgebiet von München anzutreffen.

> Verbauung, Begradigung, Müllablagerungen – der negative Einfluss des Menschen auf unsere Flüsse und Seen zeigt sich auf vielseitige Art und Weise.

WIE EINE ADER ZIEHT SICH DIE ISAR MIT IHREN BEGLEITENDEN PARK-ANLAGEN DURCH DAS GESAMTE STADTGEBIET. DER ENGLISCHE GARTEN MACHT DABEI DEN GRÖSSTEN TEIL AUS. MIT SEINEN MEHR ALS 350 HEKTAR GILT ER ALS EINE DER GRÖSSTEN PARKANLAGEN DER WELT.

—

Wie eine Ader zieht sich die Isar mit ihren begleitenden Parkanlagen durch das gesamte Stadtgebiet. Der heutige Englische Garten macht dabei den größten Teil aus. Mit seinen mehr als 350 Hektar Fläche gilt er als eine der größten Parkanlagen der Welt. Das heutige Erscheinungsbild des Landschaftsparks mit seinen ausgedehnten Wiesenflächen und uralten Linden, Kastanien und Buchen wurde ab 1804 maßgeblich durch den Garten- und Stadtplaner Friedrich Ludwig von Sckell geprägt. Heute bieten die Grünanlagen nicht nur Eulen wie dem Waldkauz, sondern auch vielen kleinen Stadtbewohnern wie Mäusen und Kaninchen einen interessanten Lebensraum.

Folgt man dem Englischen Garten weiter in Richtung Norden, verwandeln sich die regelmäßig gemähten Parkrasen in blütenreiche Wiesen, die von Schafherden beweidet werden.

Im 19. Jahrhundert fast ausgestorben, ist der Biber aus den meisten deutschen Flusslandschaften heute wieder kaum noch wegzudenken. Auch die unzähligen Stadtbäche hat der Biber für sich zurückerobert. Überall entlang der Isar entdeckt man seine Spuren. Wer genau hinsieht und sich ruhig verhält, kann ihn beispielsweise am Deutschen Museum oder am Flaucher mitten in der Großstadt beobachten.

Der Fischotter profitiert von den guten Beständen an Forellen, Äschen und Barben; seit einigen Jahren zeigt er sich immer wieder im Stadtgebiet. Entlang der Dämme und Steinufer finden Reptilien wie die Schling- und die Ringelnatter, die Kreuzotter und die Zauneidechse gute Lebensbedingungen und erschrecken so manchen Badegast.

‹ Der Eisvogel ist ein schillernder Fischjäger, der Brutlöcher in steile Uferbereiche gräbt. Von seinem Ansitz aus lauert er auf Kleinfische.

⌄ In Deutschland und Bayern gilt der Idas-Bläuling als gefährdet, auf den mageren Wiesen und Heiden entlang der Isar ist er noch in großer Stückzahl zu finden. Charakteristisch für den kleinen Bläuling sind die metallisch blauen Flecken auf den Flügeln.

∧ An einem Morgen im März glitzern die taunassen Wiesen im Englischen Garten in der aufgehenden Sonne. Jetzt ist die Zeit der Geophyten wie der Hohen Schlüsselblume, die vor dem Laubaustrieb blühen.

> In München stehen entlang der Isar in ausgedehnten Parks alte Bäume, die einen Rest der ehemaligen Auwälder darstellen. Hier findet man auch diesen prächtigen Ahornbaum.

‹ Der Wanderfalke ist der größte und stärkste einheimische Falke, er jagt ausschließlich Vögel im Flug. Mehrere Brutpaare haben sich entlang des Münchner Isartals an hohen Gebäuden wie Kirchtürmen oder Schornsteinen angesiedelt.

˅ Der Turmfalke profitiert in der Stadt von den unzähligen Brutmöglichkeiten an Kirchen und Hochhäusern sowie dem reichhaltigen Nahrungsangebot an Mäusen, Ratten und Kaninchen.

^ Zwischen den vertrockneten Gräsern und Kräutern ist die Ödlandschrecke gut getarnt. Erst wenn sie einen Sprung wagt und ihre blau schillernden Flügel ausbreitet, zeigt sie ihre Farbenpracht.

> Wenn die Menschen die Parks entlang der Isar gegen Abend verlassen, kommen unzählige Kaninchen aus ihren Bauen, auf der Suche nach wohlschmeckenden Blüten und Gräsern.

WENN DIE MÄUSE TANZEN

Es ist November, das Laub liegt in einer dicken Schicht auf dem Boden. In der Dunkelheit spaziere ich durch einen Teil des Englischen Gartens, unweit der Isar. In diesem Teil des Parks stehen unzählige alte Bäume. Überwiegend sind es Rotbuchen: in ihren Stämmen erkennt man Spechthöhlen, die Kronen sind mit Totholz durchsetzt, knorrige Wurzeln überziehen den Boden. Überall raschelt es. Doch es sind nicht meine Schritte, die das Rascheln verursachen. Unzählige kleine Bewohner huschen über die Wurzeln oder blicken aus kleinen Höhlen am Fuß der stattlichen Buchen.

Es sind Mäuse, genauer gesagt Gelbhalsmäuse. Fleißig sammeln sie Bucheckern am Boden. Die einen werden sofort aufgenagt und verspeist, der Rest wird mit dicken Backen in die unterirdischen Baue getragen, als Wintervorrat.

Ich lege mich einige Meter von einer kleinen Wurzel entfernt auf den Boden, meine Kamera in der Hand. Zunächst einige Minuten Stille, kurz darauf »tanzen« die Mäuse wieder auf den bizarren Wurzeln. Die Nachtlichter der Stadt sorgen dabei für außergewöhnliche Stimmungen. Mal für Mal wird es einfacher, bei vollkommener Dunkelheit auf dem Bauch liegend, die Silhouette der Mäuse fotografisch in Szene zu setzen.

Im Lauf des Winters komme ich immer wieder nach der Dämmerung in den Stadtpark zurück. Dabei genieße ich einerseits die Stille mitten in der Stadt, gleichermaßen fasziniert mich aber auch das Gewusel der Mäuse jedes Mal aufs Neue. Der Park bietet auch Stadtbewohnern wie Kaninchen oder Waldkäuzen, aber auch Frühjahrsblühern wie dem Lerchensporn, dem Leberblümchen und dem Buschwindröschen und sogar dem Märzenbecher einen Lebensraum.

Auch für den Naturfotografen in der Stadt gibt es jede Menge zu tun.

‹ Gelbhalsmäuse finden sich in fast jedem Park entlang der Isar. In den Abendstunden huschen sie über die Wurzeln der Bäume, im Hintergrund die Lichter der Großstadt.

∧ Die Grünanlagen an der Isar sind im Frühjahr von Schneeglöckchen und Krokussen übersät. In der Nacht verschwimmen diese zwischen den verschiedenfarbigen Stadtlichtern.

› Die Märzenbecher sind schon ausgetrieben, als ein erneuter Wintereinbruch naht. Mithilfe eines einfachen Fotoblitzes lässt sich der Isarauwald verzaubern.

‹ Die Wechselkröte bevorzugt als Lebensraum sonnenerwärmte Rohböden und war ursprünglich entlang des Isartals verbreitet. Heute gibt es nur noch winzige Restpopulationen wie hier in der Fröttmaninger Heide mit der Allianz Arena im Hintergrund.

˅ Die Farben des Tages sind aus dem lichten Wald verschwunden. Nur die letzten Sonnenstrahlen erleuchten ein Rotkehlchen, das in den Dämmergesang einstimmt.

∧ Schwäne brüten entlang der Isar im gesamten Stadtgebiet Münchens. Besonders viele der großen weißen Vögel sind am Flaucher zu beobachten.

＞ Ein alter Herr betritt die große Kiesbank am Flaucher, die Tüten voll mit altem Brot. Schon kommen die Schwäne aus allen Richtungen angeflogen. Aber: Wildtiere sollte man auch in der Stadt nicht füttern.

WALDGEIST IM STADTPARK
DER WALDKAUZ

Schwarze Augen, grau-braunes Gefieder, sein mystischer Gesang – der Waldkauz ist in Deutschland die am häufigsten vorkommende Eulenart. Im Vergleich zu anderen Arten der Familie, wie dem Uhu oder der Waldohreule, fehlen Käuzen die bekannten Federohren.

Boten des Unglücks, Vögel der Weisheit – seit jeher wurden Eulen in der Mythologie mit verschiedensten Sinnbildern belegt. *Strix strix,* der wissenschaftliche Name des Waldkauzes, ist gar im Lateinischen gleichbedeutend mit einer Hexe.

Der Waldkauz »Kasimir« aus dem Nymphenburger Schlosspark ist weit über die Stadtgrenzen Münchens hinaus bekannt. Ein weiterer Schwerpunkt von Brutrevieren liegt in den Parkanlagen entlang der Isar, darunter der Englische Garten, die Maximiliansanlagen und der Flaucher.

Die Linden, Eichen und Buchen werden hier oft mehrere Hundert Jahre alt. Im Lauf der Zeit entstehen durch Astabbrüche oder andere Verletzungen große Baumhöhlen. Sie bieten Waldkäuzen oft mehrere Jahrzehnte lang wichtige Brutplätze.

Bereits zwischen Januar und Februar beginnen die Käuze in München, nach Balz und Paarung, mit dem Ausbrüten von zwei bis sechs Eiern. Nach einer erfolgreichen Brutzeit können die Parkbesucher nach etwa sechs Wochen die noch mit Daunengefieder ausgestatteten, flugunfähigen Ästlinge, wie junge Eulen genannt werden, in den Bäumen beobachten. In der Dämmerung betteln die Jungen um eine reichhaltige Futterlieferung von den Elterntieren.

Abend für Abend gleiten die adulten Tiere mit einer Flügelspannweite von etwa einem Meter durch die weitläufigen Parkflächen entlang der Isar auf der Jagd nach Kleinsäugern. Auf der Speisekarte stehen überwiegend Mäuse und Ratten, aber auch Kaninchen oder Eichhörnchen.

Oft haben die Eulen in ihren Höhlen Unter- oder Nachmieter. Im fauligen Holz leben Käfer wie der Eremit und Säugetiere wie Siebenschläfer, Fledermäuse ziehen im Sommer ihre Jungen in den Baumhöhlen groß und die Hohlräume werden von Eichhörnchen sowie Eichelhähern als Vorratskammer genutzt.

< Bevor die jungen Waldkäuze ausgeflogen sind, werden sie von Ornithologen beringt. Die Ästlinge bekommen einen kleinen Metallring an ihren Fuß, später kann wissenschaftlich untersucht werden, wohin die Tiere wandern und welche Partner sie finden.

∧ Waldkäuze profitieren von den alten Bäumen mit ihren vielen Höhlen. Oft bewacht das Männchen stundenlang die Bruthöhle über den Köpfen der Parkbesucher.

‹ Der Müllberg ist die höchste Erhebung im Norden Münchens. Bei guter Sicht schweift der Blick von der Münchner Schotterebene bis in das Karwendelgebirge.

⌄ Es wirkt, als wäre der Winterling in das an der Isar gelegene Wohnhaus eingezogen, als sich seine Silhouette vor den Stadtlichtern abzeichnet.

GRÜNES BAND

ZWISCHEN MÜNCHNER SCHOTTEREBENE UND GÄUBODEN

Zwischen den letzten Heidegebieten,
den großen Stauseen und den ausgedehnten
Auwäldern ist die Isar das bedeutende
Bindeglied. Entlang des Grünen Bandes
beobachten wir die vielfältige Vogelwelt der
Isarstauseen und finden kleine Fleischfresser an den Isarleiten.

Bereits unmittelbar nördlich der Stadt München ändert sich das Landschaftsbild der Isar merklich: Hier wird es flach, die ausgedehnte Münchner Schotterebene beginnt. Sie ist durch das sprichwörtliche Auslaufen von Schotter- und Wassermengen während der Gletscherschmelze entstanden. Auf den nährstoffarmen Böden haben sich durch Beweidung über lange Zeit großflächige Heidegebiete entwickelt. Die andauernde militärische Nutzung und die Ausweisung als Naturschutzgebiete konnten die Kernflächen mit großflächigem Magerrasen unter anderem in der Fröttmaninger Heide, dem Mallertshoferholz und der Garchinger Heide erhalten. Hier lassen sich botanische Besonderheiten aus dem alpinen, dem pontischen und dem submediterranen Raum beobachten, zum Beispiel das Adonisröschen, die Kugelblume und die Hummelragwurz.

Folgt man der Isar in Richtung Osten, vorbei an der niederbayerischen Bezirkshauptstadt Landshut bis nach Dingolfing, fallen große kristallklare Kiesweiher auf. Die grundwassergespeisten Seen wurden bereits seit dem 18. Jahrhundert zum Kiesabbau angelegt. Nach dem Abbau blieben meist offene Narben in der Landschaft zurück. Diese Standorte haben sich, wie im heutigen Naturschutzgebiet Rosenau bei Mamming, zu vielfältigen Trockenrasen entwickelt. Eine wahre Besonderheit ist hier das Federgras, das ursprünglich aus den kontinentalen Steppengebieten in Osteuropa stammt und das in Bayern als stark gefährdet gilt.

Auch inselartige Wasserflächen verändern das Landschaftsbild nördlich von München. In den 1930er-Jahren wurden für die Wasserkraftnutzung, zum Hochwasserschutz und zur Abwasserreinigung großflächig Speicher- und Stauseen angelegt und durch ein kilometerlanges Kanalsystem verbunden. Neben dem Ismaninger Stausee, den das ehemalige Teichgut Birkenhof mit mehr als 90 Teichen ergänzt, umfasst die sogenannte Kraftwerkstreppe Mittlere Isar die heutige Vogelfreistätte Mittlere Isarstauseen

< Der Ruf des Kuckucks hallt durch den Auwald. Nach der Paarung wird das Weibchen seine Eier in die Nester anderer Vögel legen, wo der Jungvogel von fremden Eltern großgezogen wird.

∧ Die Isar hat gerade das Kernkraftwerk bei Ohu passiert und fließt südlich von Wörth an der Isar gen Osten. Die Abendsonne im Westen zaubert einen Regenbogen auf die Wassertropfen.

∧ Zwischen dem Moosburger und dem Echinger Stausee hat die Isar ausgedehnte Kiesbänke aufgeschüttet, dazwischen haben sich Altwassertümpel gebildet.

> Ein Rosapelikan an der Isar? Im Winter 2018/2019 hatte sich ein Gefangenschaftsflüchtling an den Fluss verirrt und dort monatelang in Freiheit überlebt. Offensichtlich fand er genug Fische.

**INSELARTIGE WASSER-
FLÄCHEN PRÄGEN
DAS LANDSCHAFTSBILD
NÖRDLICH VON MÜN-
CHEN. IN DEN 1930ER-
JAHREN WURDEN FÜR
DIE WASSERKRAFT-
NUTZUNG, ZUM HOCH-
WASSERSCHUTZ UND ZUR
ABWASSERREINIGUNG
GROSSFLÄCHIG SPEICHER-
UND STAUSEEN ANGELEGT
UND DURCH EIN KILO-
METERLANGES KANAL-
SYSTEM VERBUNDEN.**

zwischen Moosburg und Landshut. Sie besteht aus zwei Stauseen, dem Moosburger und dem Echinger Stausee sowie einem acht Kilometer langen Bereich der Isar mit dem Gebiet um die sieben Rippen zwischen Moosburg und Eching, das für seine Nagelfluh-felsen bekannt ist.

Um die Pegelstände regulieren zu können und den Unterhalt der Gewässer zu erleichtern, wurden große Teile der Stauseen mit einer massiven und unnatürlichen Uferverbauung aus Beton und Wasserbausteinen versehen. Im Lauf der Zeit haben sich die von Menschenhand geschaffenen Gewässer dennoch zu einem wahren Vogel-paradies entwickelt, das jährlich von Zehntausenden Vögeln aufgesucht wird. Dazu haben künstlich gestaltete Brutinseln beigetragen sowie ein Verbot von Jagd und jeglicher Freizeitnutzung.

Besonders im Spätsommer, Herbst und Winter kann man auf den Seen Kolben-, Tafel- und Reiherenten, Blässhühner sowie Grau-, Saat- und Blässgänse beobachten. Während der Wasservogelzählung haben Naturschützer im Jahr 2019 bis zu 60 000 Vögel am Ismaninger Speichersee beobachtet, die hier ungestört ihr Federkleid wechselten.

Riesige Starenschwärme verbringen die Herbstnächte im Schilf des Moosburger Stausees. Fast hundert Vogelarten ziehen an den Speicherseen ihren Nachwuchs groß. In den Schilffflä-chen brüten Rohrsänger, auf schwimmenden Brut-plattformen die Flussseeschwalben. Eine Brutkolonie von Nacht- und Graureihern sowie Kormoranen nimmt die künstlich angelegten Brutinseln an.

Die Isar ist das grüne Band, das die Auen, die Heidegebiete und die Speicherseen zwischen München und dem Mündungsgebiet an der Donau verbindet.

‹ Ehemalige Kiesbänke, wie hier im Naturschutzgebiet »Freisinger Buckl«, entwickelten sich zu artenreichen Trocken- und Magerrasen. Im Frühsommer erstrahlen hier die weißen Blüten des Kleinen Mädesüß.

˅ Von den ungedüngten Wiesen profitiert auch eine artenreiche Insektenwelt. Schmetterlinge wie der Idas-Bläuling nutzen sie zur Nahrungssuche und zur Fortpflanzung.

> Tagsüber fliegt der Braunkolbige Braun-Dickkopffalter auf der Suche nach Nektar quirlig von Blüte zu Blüte. Erst wenn die Temperaturen gegen Abend sinken, setzt sich das wechselwarme Insekt tief in die Wiesen und verbringt dort die Nacht.

v In den Isarauwäldern sind sogenannte Brennen eingestreut: Trocken-heiße Standorte auf Kiesboden mit einer eigenen Fauna und Flora wie dem Himmelblauen Bläuling auf einem Wiesensalbei.

< An den Isarleiten blüht das eingewanderte Drüsige Springkraut, das vielen Insekten Nahrung bietet. Deshalb hat eine Gartenkreuzspinne ihr Radnetz zwischen den Stängeln gesponnen und lauert auf Beute.

∨ Kurz vor dem Abflug streckt der Marienkäfer seine gepunkteten Deckflügel in den Wind. Die Tiere gelten als Nützlinge, da sich ihre Larven von Läusen ernähren.

< Mit der Regulierung der Isar sind viele Auwaldgebiete, die durch wechselnde Wasserpegel gebildet werden, verschwunden. Umso wertvoller sind die verbliebenen Reste für Mensch und Tier.

v Das Hermelin ist ein typischer Bewohner wassernaher Lebensräume. Im Winter verfärbt sich sein Fell weiß, daher bereitet ihm die Klimaerwärmung Probleme: Ohne Schnee verkehrt sich der Tarneffekt ins Gegenteil.

^ Ausgestattet mit schwarz-roten
Streifen, die Feinde abschrecken sollen,
lebt die Streifenwanze in den fluss-
begleitenden Staudenfluren.

> Der Nutzungsdruck in unserer Land-
schaft sorgt heute für abrupte Über-
gänge zwischen Auwäldern und landwirtschaftlichen Nutzflächen. Bunte Äcker
mit Korn- und Mohnblumen sind dabei
ein eher seltener Anblick geworden.

∧ Der Teichrohrsänger ist im Schilf nicht leicht zu entdecken. Hier baut der »Rohrspatz« sein Nest aus getrockneten Gräsern und Blättern zwischen einzelnen Schilfhalmen.

> Rohrweihen nisten in ausgedehnten Schilfgebieten. Ihr Nahrungsspektrum besteht überwiegend aus Wasser- und Singvögeln sowie Nagetieren. Im April sind die akrobatischen Balzflüge über den Schilfflächen zu sehen.

‹ Eine besondere Lichtstimmung kurz
nach Sonnenuntergang bei den
Stromschnellen »Sieben Rippen« an
der Isar Nähe der Bruckbergerau.

⌄ Die Gelbbauchunke ist ursprünglich
ein Bewohner der Flussauen, wo
ihr Lebensraum, temporäre und vege-
tationsarme Kleingewässer, immer
neu entsteht. Bei Bedrohung zeigt sie als
Warnung vor ihrem giftigen Haut-
sekret die gelb-schwarze Unterseite.

KALTER OSTWIND

Eiskalter Ostwind pfeift mir um die Ohren, als ich bei noch völliger Dunkelheit die Autotür öffne. Dicke Jacke, Handschuhe – gut, dass ich die Mütze eingepackt habe.

Kamerarucksack raus, Stativ bereit. Und dann geht's auch schon los, vom kleinen Parkplatz am Moosburger Stausee über die schmale Brücke auf den Isardamm. Am Morgen zuvor – es ist Ende Oktober – war ich schon einmal hier. Da war es allerdings deutlich wärmer, und der Nebel hing geradezu mystisch über dem Wasser.

Heute lässt kaum einer der zahlreichen Wasservögel große Aktivitäten erkennen. Na, ob das heute ein erfolgreicher Ausflug wird? Ich glaube, Blässhühner, Kormorane und Haubentaucher wären auch lieber – so wie ich – in der warmen Stube. Also erst mal ab in Richtung Vogelinsel. Am Vortag saßen hier eine Menge

Kormorane: in der nebligen Dämmerung tolle Fotomotive für lange Brennweiten. Heute sitzt nur eine wenig motivierte Graugans im Wind und scheint sich auch zu fragen, was sie hier eigentlich tut.

Ein paar Kolbenenten drücken sich in die Steine an der Wasserlinie. Etwas weiter das Steilufer entlang führt eine Treppe zur Wasserkante hinunter und bietet mir die Möglichkeit, ganz nah an der Wasseroberfläche meine Kamera zu postieren und so aus ungewöhnlichen Perspektiven zu fotografieren. Gestern hat das mit dem Haubentaucher auch gut funktioniert. Im ersten Licht ist er ganz nahe an die Kamera herangekommen und gab in den morgendlichen Pastelltönen ein wunderbares Motiv ab.

Wo sind eigentlich meine Handschuhe? Das Stativ in der Hand, spüre ich gerade meine

‹ Der Kormoran ist ein versierter Fischjäger und trifft mit dieser Lebensweise gerade bei Anglern auf wenig Gegenliebe. Er brütet koloniebildend in den geschützten Staubereichen der unteren Isar.

∧ Einst ein seltener Gast, verbreitet sich die Graugans derzeit rasant an der Isar, an den Nebenflüssen und an den zahlreichen Kiesweihern der Münchner Schotterebene.

∧ Der Echinger Stausee ist je nach
Bedarf Brutplatz, Schlafplatz, Jagdrevier,
Winter- oder Sommerquartier für
unzählige Vogelarten.

> Der etwa stockentengroße Hauben-
taucher ernährt sich überwiegend
von Kleinfischen und baut sein Schwimm-
nest gerne in ruhige Schilfzonen.

AM VORTAG SASSEN HIER EINE MENGE KORMORANE: IN DER NEBELIGEN DÄMMERUNG TOLLE FOTOMOTIVE FÜR LANGE BRENNWEITEN. HEUTE SITZT NUR EINE WENIG MOTIVIERTE GRAU-GANS IM WIND UND SCHEINT SICH AUCH ZU FRAGEN, WAS SIE HIER EIGENTLICH TUT.

———

Finger nicht mehr. Wenn jetzt etwas in Fotoentfernung vorbeikäme, wäre der Auslöser meiner Kamera ein unbedienbares Utensil. War das gestern schön, als die Reiherenten wie an der Schnur gezogen draußen im Nebel vorbeischwammen!

Nun zeigt sich das erste Rot am östlichen Himmel. Trotz des Windes schaue ich fasziniert zu, wie sich langsam, aber sicher der Lichtstreifen vergrößert, bis wie in Zeitlupe auch die Sonne am Horizont erscheint. Sind da nicht Graugänse zu hören? Natürlich, von mehreren Seiten nähern sich Trupps, um auf dem Wasser zu landen. Wenn jetzt noch einer davon durch das morgendliche Orange fliegen würde;

das wär ein Bild! Kamera hoch, Kälte egal, die Gänse kommen entlang der Baumlinie genau auf das Licht zu, sind gleich mitten im Lichtstreifen. Scharf stellen. Auslöser drücken. Absetzen. Wieder kommt ein Trupp ins Licht geflogen, wieder anvisiert, ausgelöst und mitgezogen. Nach ein paar Minuten ist das Schauspiel auch schon wieder zu Ende, das Morgenlicht verwandelt sich in strahlendes Sonnenlicht. Zeit für den Fotografen zusammenzupacken. Zufrieden schlendere ich langsam zurück zum Auto.

Dabei wird mir wieder einmal bewusst, wie wertvoll diese Naturerlebnisse für mich sind, wie verschieden jeder Tag da draußen in der Natur doch ist – und auch wie zerbrechlich sie ist und wie unbedacht wir Menschen mit ihr umgehen. Deshalb ist der Schutz unserer Umwelt so wichtig, und er fängt hier an: hier vor der Haustür, hier an der Isar.

« Östlich von Landau a. d. Isar liegen kleine Inseln in der Isar. Die letzten Sonnenstrahlen, die den Dunst am Horizont durchdringen, tauchen die Bäume in warmes Abendlicht.

ʌ Der Kammmolch ist der größte heimische Wassermolch. Er lebt in teilweise verkrauteten Teichen und Altwassern. Dieses Weibchen überwintert im eisfreien Wasser eines Quelltopfs an den Isarleiten.

› Die Isarleiten sind meist bewaldet. Die Mischwälder bei Niedererlbach werden von Buchen dominiert und sind von alten Eichen durchsetzt.

> Bis vor wenigen Jahrzehnten waren Silberreiher in Bayern kaum anzutreffen. Zwar sind sie hierzulande immer noch keine Brutvögel, nutzen unsere Flüsse und Seen aber seit einigen Jahren verstärkt als Nahrungsgäste.

˅ Auwälder mit Nebengewässern und Altarmen haben eine besondere ökologische Qualität. Totbäume stürzen in die Gewässer und schaffen einen vielfältigen Lebensraum sowohl über als auch unter Wasser.

∧ Natürliche Brutmöglichkeiten für die Flussseeschwalbe, wie Sand- und Kiesinseln, sind selten geworden. Daher werden in ruhig fließenden Bereichen der Isar sogenannte Brutflöße (schwimmende Plattformen) installiert.

> Die letzten Strahlen der Frühlingssonne lassen die Wipfel der alten Buchen rot leuchten. Am Waldboden haben die Frühjahrsboten, wie Primeln, Leberblümchen und Buschwindröschen, bereits zu blühen begonnen.

FLEISCHFRESSER IM HANGQUELLMOOR
DAS FETTKRAUT

Die Isar hat über die Jahrhunderte ein breites Tal ausgebildet, gesäumt von den Isarleiten. Die steilen Hänge sind überwiegend bewaldet, da sie für eine intensive landwirtschaftliche Nutzung ungeeignet waren. Rehwild, Dachs und Fuchs sind heute hier zu Hause.

Wo diese Hänge in das flache Isartal übergehen, tritt häufig Quellwasser aus. Die Kombination aus nährstoffarmem Quellwasser und tonhaltigen, wasserundurchlässigen Bodenschichten, ließ einen Torfkörper den Hang hinaufwachsen – ein Hangquellmoor entstand.

Früher wurden diese Flächen genutzt, um Einstreu für die landwirtschaftlichen Stallungen zu gewinnen, sogenannte Streuwiesen. Da diese Nutzung nicht mehr wirtschaftlich ist, werden die Biotope heute an vielen Stellen gemäht, um eine Verbuschung und ein Zuwachsen mit Gräsern und Schilf zu vermeiden.

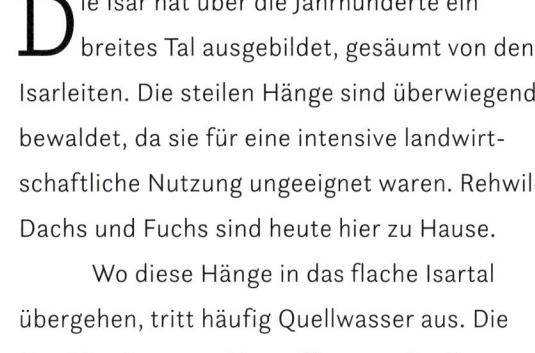

So bleiben die Moore einer Vielzahl von Pflanzenarten als Lebensraum erhalten. Ein typischer Vertreter dieses Habitats ist das Gewöhnliche Fettkraut – ein echter Fleischfresser an der Isar.

Das Gewöhnliche Fettkraut zählt zu den Karnivoren oder Insektivoren, es frisst also Insekten. Mit kurzen, feinen Haarwurzeln hält es sich auf dem kalkhaltigen Boden fest. Von Mai bis August blüht das Fettkraut, die Blüte bildet sich auf etwa zehn Zentimeter großen Stängeln aus und hält damit die Bestäuber von den Blättern der Pflanze fern.

Die Blätter bilden eine Rosette aus, die bis zu 15 Zentimeter Durchmesser erreicht. Die Blattoberfläche ist mit einem klebrigen Fangsekret bedeckt, das die meist nur wenige Millimeter großen Insekten nicht mehr entkommen lässt. So gefangen, wird die Beute durch das Einrollen der Blätter weiter fixiert und durch Enzyme verdaut. Angewehter Pollen kann auf diese Art ebenfalls verdaut werden.

Früher wurde das Fettkraut in der Volks- und Hausmedizin für verschiedenste Anwendungen eingesetzt, heute bereichert es die Biodiversität der Isarleiten.

< Das Fettkraut gedeiht auf nährstoff-
armen Böden, denn es ernährt sich
anderweitig: Es nutzt seine klebrigen
Blätter, um Insekten zu erbeuten,
die dann über Drüsen in den Blättern
verdaut werden.

∧ Im Mai bildet das Fettkraut seine
Blüten aus, die man bewundern
kann, bis die Samenreife beginnt.

^ Am Fuß der Isarleiten bilden sich oft Quelltümpel, diese nutzt der Feuersalamander, um seine Larven abzulegen. Wie andere Amphibien ist er meist nur bei feuchtem Wetter in der Dämmerung anzutreffen.

> Bei Volkmannsdorf vereint sich die Isar mit der Amper, die aus dem Ammersee entspringt. Die umliegenden Auen sind von kleinen Bächen und Altwasserarmen umgeben.

∧ Neozooen nennt man Tiere, die aus anderen Ländern eingeschleppt wurden. Typisches Beispiel ist die aus Südamerika stammende Nutria oder Biberratte, die mittlerweile an der unteren Isar weitverbreitet ist.

> Die Unterwasserwelt der Isar ist von unterschiedlichsten Pflanzen besiedelt. Der Wasserstern bildet in strömungsarmen Bereichen große Polster aus.

> Das weißsternige Blaukehlchen ist ein typischer, aber seltener Bewohner in Schilfbeständen und feuchten Gebüschen. Es lebt recht heimlich, am auffälligsten sind sein intensiver Gesang und die Imponierflüge zur Balzzeit im April.

v Der Seidenreiher ist ein seltener Gast an den mittleren Isarstauseen. Charateristisch für den Vogel sind sein schneeweißes Gefieder und seine langen Schmuckfedern am Hinterkopf.

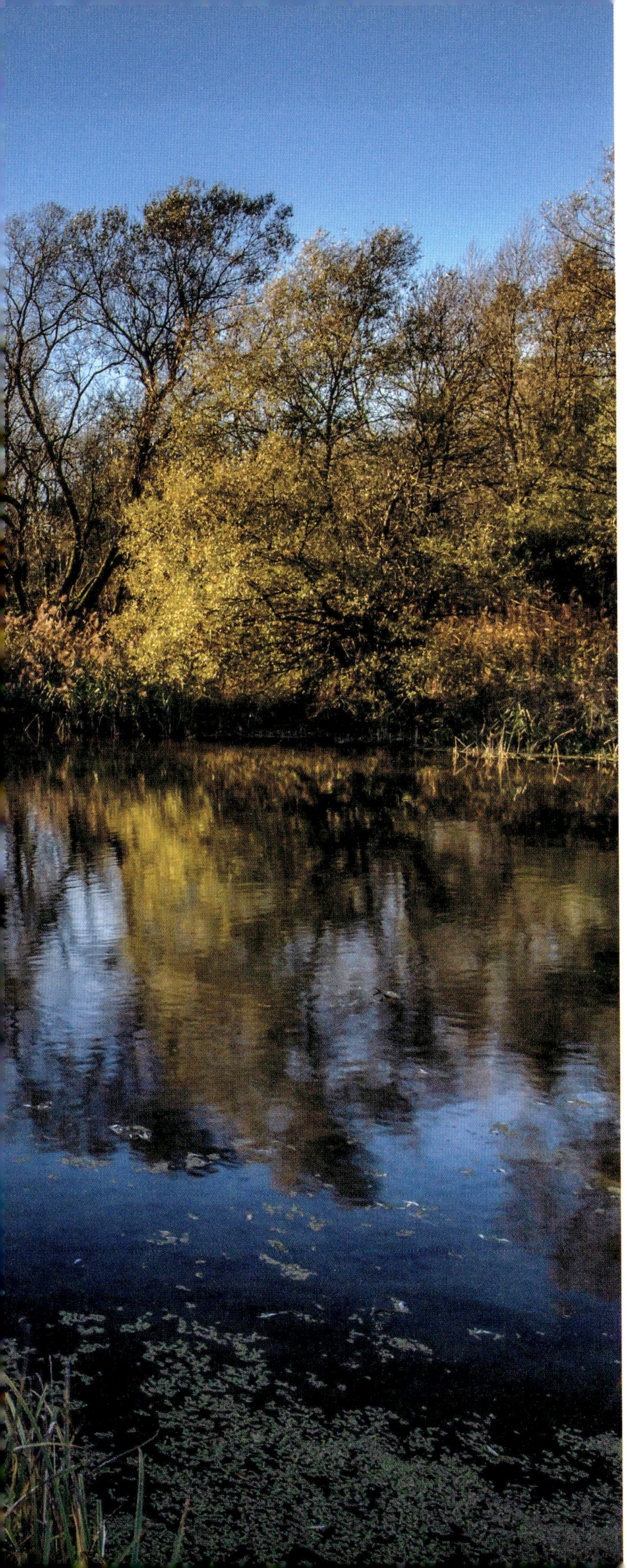

KAPITEL 6

DIE MÜNDUNG

VEREINIGUNG MIT DEM STROM NACH OSTEN

Die Mündung der Isar in die Donau naht. Im letzten Abschnitt unserer Reise folgen wir der weitläufigen Auenlandschaft im Naturschutzgebiet »Isarmündung«. Spechte zimmern ihre Bruthöhlen in die alten Bäume und unzählige Glühwürmchen funkeln im Auwald in den Sommernächten.

Mehr als 300 Kilometer weit gereist ist das Wasser der Isar, wenn es im Süden der Stadt Deggendorf in die Donau mündet. Das ist der Bereich der Auwälder. Auf den letzten Kilometern zwischen Plattling und Deggendorf ist es gelungen, große Teile der Isarauen in einem naturnahen Zustand zu erhalten. Hier lassen dynamische Prozesse noch eine weitgehend natürliche Entwicklung zu. Im Mündungsgebiet mäandert die Isar durch das fünf Quadratkilometer große Naturschutzgebiet »Isarmündung«. Der Wechsel von Niedrigwasser und Hochwasser hat dort eine ausgedehnte Auenlandschaft mit Auwäldern, unzähligen Altarmen, Inseln, Kiesbänken und Tümpeln entstehen lassen.

Für den Menschen, der im einstigen Schwemmland meint, leben und bauen zu müssen, haben die immer wiederkehrenden Überschwemmungen oft katastrophale Folgen. Die Auwälder sind hingegen auf die regelmäßigen Überflutungen angewiesen. Durch die Wassermassen werden Kiesbänke umgelagert, trockengefallene Altarme und Tümpel entstehen andernorts neu. Die ausgedehnten Auwälder gliedern sich dabei in die seltener überflutete Hartholzau mit Baumarten wie Pappeln, Eichen und Ulmen. In Bereichen mit häufigeren Überflutungen bilden Weiden, Erlen und ausgedehnte Schilfbereiche die Weichholzau aus.

Die Au ist für Mensch und Natur gleichermaßen ein bedeutendes Ökosystem. Sie speichert Wasser und hält es zurück. Damit ist sie ein wichtiger Faktor, wenn es um den Schutz umliegender Ortschaften und Kulturlandschaften vor Überschwemmungen geht. Zudem speichern Boden und Wald große Mengen an CO_2 – intakte Auwälder leisten damit einen wichtigen Beitrag zum Klimaschutz.

Auwälder sind Garanten für Biodiversität. Der Biber teilt sich sein Revier mit der Ringelnatter, dem Eisvogel, aber auch mit Neuankömmlingen wie der Bisamratte. Die Vogelwelt ist hier besonders vielfältig: Mit etwas Glück lassen sich in den Schilfflächen Blaukehlchen, Drosselrohr-

< Ringelnattern leben gerne in der Nähe von Gewässern. Im Mündungsgebiet geht das Reptil an den Ufern der Isar und an Altwassern im Auwald auf die Jagd nach Fischen, Fröschen und Kleinsäugern.

∧ Die vielen kleinen Inseln in den Altwassern der Isar sind ideale Brutplätze für viele Vogelarten, geschützt vor natürlichen Feinden und vor menschlichen Eingriffen.

∧ Die Fischer und Angler der Isarmündung geben ihre Erfahrungen von einer Generation zur nächsten weiter. Deshalb hat jeder Altarm und jeder Tümpel der Isar einen Namen. Dieser heißt Hellgries.

> Langsam streift ein Graureiher durch das flache Wasser, auf der Suche nach Fischen, Fröschen und kleinen Säugetieren.

AUWÄLDER SIND GARAN-TEN FÜR BIODIVERSITÄT. DER BIBER TEILT SICH SEIN REVIER MIT DER RINGELNATTER, DEM EIS-VOGEL, ABER AUCH MIT NEUANKÖMMLINGEN WIE DER BISAMRATTE. DIE VOGELWELT IST HIER BE-SONDERS VIELFÄLTIG.

sänger oder Rohrdommeln beobachten. Die strukturreichen Auwälder sind Brutgebiet von Reihern, Greifvögeln und Kormoranen. In den Auwäldern und den durch Mähen gepflegten Nasswiesen der näheren Umgebung erklingen im Frühjahr die Rufe der in Bayern vom Aussterben bedrohten Moorfrösche. Besonders beeindruckend sind in dieser Zeit die meist blau gefärbten Männchen.

Leider konnte nur ein kleiner Teil der ursprünglichen Auenlandschaft entlang der Isar erhalten werden; die nährstoffreichen Böden werden oft intensiv landwirt-schaftlich genutzt, durch die Flussablagerungen haben sich großflächig unterirdische Kiesvorräte abgelagert, die heute als begehrte Baustoffe abgebaut werden. Umso wichtiger ist deshalb der langfristige Erhalt des Naturschutzgebiets »Isarmündung«, als eines der letzten natürlichen Mündungsgebiete Deutschlands.

Nach der Mündung der Isar in die Donau setzt das Isarwasser seine Reise fort. Sie endet im Schwarzen Meer.

∧ Nach einem abendlichen Sommer-
gewitter lassen die letzten Sonnenstrahlen
die Wolken über den Auwäldern und
Altwasserarmen der Isar noch einmal
leuchten.

> Seinem farbenprächtigen Gefieder
verdankt der Eisvogel die Bezeichnungen
»Fliegender Edelstein« oder »Blaue
Perle«. Im seichten Wasser fängt er kleine
Fische, ein ideales Brautgeschenk für
das Weibchen.

∧ Für Reiher ist das Naturschutzgebiet
Isarmündung ein Schlaraffenland.
Dieser Silberreiher hat bereits früh am
Morgen seinen Schlafbaum verlassen,
um in der Auenlandschaft auf Nahrungs-
suche zu gehen.

> Die ersten Sonnenstrahlen erhellen
den untergehenden Mond. Bald wird
die Kälte der Nacht schwinden und die
herbstlichen Isarauen in goldenes
Oktoberlicht getaucht.

> Die Gänse genießen die aufgehende Sonne an der Tauscher Reibe, wenige Kilometer bevor die Isar in die Donau mündet.

⌄ Eine dünne Nebelschicht schwebt über der Isar und die ersten Sonnenstrahlen zaubern herbstlich warmes Licht auf die Tauscher Reibe.

NACHTLICHTER IM AUWALD

—

Es ist ein warmer Sommerabend Ende Juni, ideale Voraussetzung für mein Vorhaben, Glühwürmchen zu fotografieren. Im Auwald tauchen zu Beginn der Dämmerung die ersten langsam dahinschwebenden grünen Leuchtpunkte auf. Es sind die Männchen des kleinen Leuchtkäfers auf Hochzeitsflug.

Der Name »Glühwürmchen« kommt daher, dass die flügellosen Weibchen wie kleine Würmchen aussehen. Das Leuchten entsteht durch eine chemische Reaktion, bei der frei werdende Energie in Licht umgewandelt wird, die Biolumineszenz. Sobald ein Weibchen die Lichtsignale eines vorüberfliegenden Männchens empfängt, beginnt es selbst zu leuchten. So finden die Partner zusammen und paaren sich am Boden. Die Larven ernähren sich hauptsächlich von Schnecken, die erwachsenen Tiere nehmen keine Nahrung auf. Bald nach

Paarung und Eiablage sterben sie. Sie haben ihre Pflicht erfüllt.

An einer Stelle im Wald, an der besonders viele Leuchtkäfer fliegen, positioniere ich meine Kamera in Flughöhe der meisten Käfer. Dann gilt es, in der Dämmerung den richtigen Zeitpunkt abzuwarten, damit die Waldkulisse als Hintergrund dunkel genug ist, sodass sich die Leuchtspuren der Käfer gut vom dunklen Hintergrund abheben.

Mit meiner speziellen Kameratechnik ist es möglich, nach der ersten Belichtung für den Hintergrund nur noch die helleren Lichtbahnen der Glühwürmchen kontinuierlich aufzuzeichnen und während der langen Belichtungszeit viele Leuchtspuren auf dem Kamerasensor einzusammeln.

Nach einer Belichtungszeit von einer halben bis zu einer Stunde kommt der spannende Moment: Erst jetzt kann man das fertige Bild auf dem Kameradisplay betrachten. Jedes Foto ist anders und immer eine Überraschung – oft genug leider auch eine Enttäuschung.

Jeden Abend sind maximal zwei Aufnahmen möglich, denn nach der ersten Belichtung wird es bald zu dunkel und die Aktivität der Glühwürmchen lässt nach. Je nach Witterung fliegen Glühwürmchen im Sommer nur während zwei bis drei Wochen, für mich eine Zeit, auf die ich mich das ganze Jahr lang freue.

‹ Das wurmförmige Weibchen des Leuchtkäfers wartet auf dem Boden auf ein vorbeifliegendes Männchen, erst dann beginnt es zu leuchten.

^ Besonders im Juli ziehen mit Einbruch der Dämmerung die kleinen Leuchtkäfer ihre scheinbar ziellosen Leuchtspuren durch den Wald.

< Das Naturschutzgebiet Isarmündung ist eine Welt zwischen Wasser und Land. In einem der unzähligen Altwasser, einem alten Teil des Flusses, wächst die seltene Krebsschere. Sie schwimmt im Sommer an der Wasseroberfläche, zum Überwintern taucht sie ab.

˅ Spinnen sind nicht nur gruselig, sie sind auch unglaublich faszinierend: Diese beiden Gerandeten Wasserspinnen krabbeln auf einem grünen Teppich aus Wasserlinsen auf der Suche nach Nahrung.

∧ Graureiher sind zwar mittlerweile keine seltenen Vögel mehr, doch zur Bildung einer Brutkolonie brauchen sie ideale Bedingungen: fisch- und amphibienreiche Gewässer und ein störungsarmes Gebiet mit altem Baumbestand.

> Ein typischer Anblick im Auwald der Isarmündung. Der lichte Wald mit Altwassern ist ein Paradies für Amphibien und Wasserinsekten.

∧ Im roten Morgenlicht fliegt der
Silberreiher das Isarufer auf und ab, auf
der Suche nach einem geeigneten
Jagdrevier.

> In den Albertswasen, einer Altarm-
windung der Isar, hat der Frost
das Schilf mit Raureif überzogen und
die Morgendämmerung färbt die
Baumwipfel leuchtend rot.

ZIMMERER IM AUWALD
DIE SPECHTE

Der Lebensraum der Spechte ist ausgesprochen groß, auch an den Ufern der Isar hört man sie häufig gegen Baumstämme hämmern. Die am meisten verbreitete Spechtart ist der allseits bekannte Buntspecht, der in den Isarauen zu Hause ist, sich aber auch in vielen Gärten blicken lässt. Der Brutbestand des Buntspechts in Deutschland wird auf bis zu 900 000 Paare geschätzt. Seine Kennzeichen sind ein schwarz-weißer Kopf, die Männchen haben einen roten Fleck im Nacken.

Der Mittelspecht ist dem Buntspecht ähnlich, allerdings ist er etwas kleiner. Beide Geschlechter schmücken sich mit einem roten Scheitel am Kopf, der Bauch ist diffus rot gefärbt. Der Brutbestand von weniger als 50 000 Paaren ist wesentlich kleiner, im Isarmündungsgebiet vermutet man bis zu zehn Reviere dieser seltenen Spechtart.

Hauptsächlich am Oberlauf der Isar lässt sich der Dreizehenspecht beobachten, eine Spechtart mit schwarz-weißem Gefieder, deren Männchen einen gelben Scheitel tragen. Der Brutbestand liegt bei nur etwa 1000 Paaren, die größtenteils im Alpenraum und im Bayerischen Wald leben.

Auf eine ähnliche Brutpopulation wie der Mittelspecht kommt die größte Spechtart, der Schwarzspecht. Man kann ihn meist an glattrindigen Bäumen beobachten. Sein Gefieder ist komplett schwarz, die Männchen schmückt ein roter Scheitel, die Weibchen ein roter Fleck am Hinterkopf.

An den Isarufern sind zudem häufig der Grün- und der Grauspecht anzutreffen. Beide sind Ameisenfresser und halten sich im Gegensatz zu ihren Verwandten oft am Boden auf, um ihre Nahrung zu suchen. Beide Arten sind grünlich gefärbt, der Grünspecht ist mit einem roten (Männchen) beziehungsweise schwarzen (Weibchen) Wangenfleck ausgestattet. Der männliche Grauspecht hingegen hat einen roten Stirnfleck, der dem Weibchen fehlt.

Spechte sind besser hör- als sichtbar, denn ihr Hämmern gegen Baumstämme ist auch aus der Ferne gut zu hören. Man unterscheidet das Trommeln (um Weibchen anzulocken) vom Hämmern (Nahrungssuche und Bau der Bruthöhle). Spechte können bis zu zwanzig Mal in der Sekunde trommeln, dabei hämmern sie ihre Schnäbel mit bis zu 25 Stundenkilometern gegen den Baum.

Wie die Spechte die hohen Belastungen beim Hämmern aushalten können, ohne Kopfschmerzen zu bekommen oder Hirnschäden davonzutragen, erklärt sich durch die besondere Biomechanik und Anatomie im Kopfbereich: Das Gehirn der Spechte ist kaum von Gehirnflüssigkeit umgeben, es sitzt sehr starr im Schädel, so können sich keine Schockwellen ergeben. Zudem ist der Schädel mit starken Muskeln ausgestattet, die als Stoßdämpfer dienen. Schnabel und Hirnschädel sind federnd miteinander verbunden, was zusätzlich Stöße absorbiert.

‹ ⌄ Der Buntspecht (linke Seite rechts) ist unser häufigster Specht, er bewohnt sogar Stadtparks und Privatgärten. Der Grauspecht hingegen (linke Seite links) ist ein Spezialist für Lebensräume mit vielen toten und absterbenden Bäumen. Astlose gerade Stämme, meist Buchen, bewohnt unser größter heimischer Specht, der Schwarzspecht (unten). Beim Bau seiner geräumigen Nisthöhle wirft er die Späne in hohem Bogen ins Freie.

‹ Der Auwald und seine Bewohner warten auf den Sonnenaufgang. Der blaue Streifen am Horizont ist der Erdschatten kurz bevor das erste Licht die Isar trifft. Das Mondlicht wird gleich vom direkten Sonnenlicht abgelöst werden.

⌄ In einer natürlichen Aue, wie hier im Isarmündungsgebiet, schwankt der Wasserstand immer wieder. So gibt es gerade im Sommer oft lange Niedrigwasserzeiten, bei denen Kiesbänke sichtbar werden. Dieses Reh hat sich gerade über Wasserpflanzen gefreut, die eine gute Abwechslung zu der alltäglichen Nahrung sind.

∧ Eine der vielen Inseln wirft einen
langen Schatten auf das grüne Wasser
des Altarms der Isar.

> Nach einer spannenden Reise endet
die Isar deltaförmig mit der Mündung
in die Donau. Die vielen Wasserarme in
diesem Landschaftsabschnitt werden
erst aus der Luft sichtbar. Das Wasser
der Isar wird ab hier mit dem Strom
der Donau in Richtung Schwarzes Meer
getrieben.

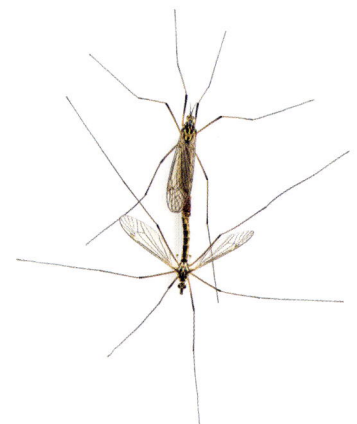

BILDNACHWEIS

Die Fotografinnen und Fotografen sind Mitglieder der GDT-Regionalgruppe 15 »München – Südbayern«.
Dengler, Thomas 144, 172 | Ettl, Peter 140 | Ettl, Renate 192 (Impressum) | Faugel, Helmut 107 | Härtl, Petra 184 |
Hofstätter, Ulrich 166 | Hoiss, Robert 42, 89 | Holfelder, Christina 79 | Hornisch, Max 121 | Kerner, Klaus 175 |
Kuchling, Erich 43, 71, 76, 81, 93, 123, 171, 173, 186 | Kühn, Manfred 13, 21, 78, 86, 92, 108, 113, 137 unten, 146, 147, 149, 156 |
Leuchs, Christian 164 | Leuchs, Katalin 137 oben | Liesz, Norbert 54 | Meyer, Christopher 22 oben, 29, 30, 61, 63, 64, 83 rechts,
88, 90, 91, 94, 101, 109, 114, 115, 116, 118, 119, 122, 124, 125, 126, 127, 134, 135, 136 oben, 138, 142, 157 |
Müller, Reinhard 53 | Pank, Maximilian 67 | Pröbster, Peter 73 | Schaaf, Rainer 104 | Seidl, Karl 18, 19, 25, 27, 28, 36, 37, 44, 47, 96,
97, 98, 131, 132, 148, 150, 151, 153, 158, 159, 160, 161, 169, 170, 174, 176, 177, 185, 188, 190 | Steinberger, Karlheinz 10 |
Tropschuh, Walter 72, 74 | Volz, Andreas 2, 5, 8, 11, 12, 14, 15, 16, 17, 20, 22 unten, 23 oben und unten, 24, 31, 32, 33, 34, 35, 38, 40,
41, 45, 46, 48, 49, 50, 51, 52, 55, 56, 57, 58, 60, 62, 65, 66, 68, 69 oben und unten, 70, 80, 82, 83 links, 84, 85, 87, 95, 100, 102, 105,
110, 111, 112, 120, 128, 133, 136 unten, 139, 141, 143, 145, 152, 154, 155, 162, 165, 168, 182, 183 | Wothe, Konrad 77, 106, 130, 178,
179, 187 | Zahlheimer, Ingo 163, 180, 181, 189, 191

2. Auflage 2021
Deutsche Originalausgabe | Copyright © 2020
von dem Knesebeck GmbH & Co. Verlag KG, München | Ein Unternehmen der Média-Participations

Alle Fotografien in diesem Buch © siehe Bildnachweis | Umschlagfotos: Karl Seidl (Vorderseite), Andreas Volz (Rückseite)
Logo Wilde Isar © Katharina Seidl | Texte in diesem Buch © Hofstätter, Alexandra 7 | Volz, Andreas 9–13, 39–43, 56–59, 68–69 |
Seidl, Karl 26–27, 32–33, 96–97, 128–133, 158–159, 166–171 | Meyer, Christopher 74–79, 102–107, 116–117, 124–125, 128–133,
166–171 | Ettl, Renate 88–89, 186–187 | Kühn, Manfred 146–149 | Wothe, Konrad 178–179

Projektleitung: Dr. Thomas Hagen, Knesebeck Verlag | Lektorat: Dr. Stefanie Haas, Neuburg a.d. Donau
Gestaltungskonzept, Layout und Satz: Leonore Höfer, Knesebeck Verlag | Umschlaggestaltung: Fabian Arnet, Knesebeck Verlag
Herstellung: Arnold & Domnick, Leipzig | Druck: PNB Print Ltd | Printed in Latvia

ISBN 978-3-95728-445-7 | Alle Rechte vorbehalten, auch auszugsweise. | www.knesebeck-verlag.de

FSC
www.fsc.org

MIX
Papier aus verantwor-
tungsvollen Quellen
FSC® C084698